主 编 宋 艳（Maggie）

I can speak Chinese

我能说中国话

编者 雷若琳（Sophie）

万 黎（Sunny）

温晓宁（Sophy）

翻译 黄 烨（Kitty）

2

上海交通大学出版社

SHANGHAI JIAO TONG UNIVERSITY PRESS

内容提要

本系列教材是一套针对零起点的成年汉语学习者编写的汉语教程，共三册，每册三个级别，每个级别十八课。本系列教材按照《国际汉语教学通用课程大纲》的要求，打破传统教材格局，以生词讲解为切入点，将词语使用技巧公式化，并配以大量例句，使入门阶段的汉语学习更易懂、易掌握。除纸质教材外，本教材配有相应的数字化辅助教学资源供学习者使用，配合使用可有效提高学习效果。

图书在版编目（CIP）数据

我能说，中国话.2／宋艳主编. —上海：上海交
通大学出版社，2016
ISBN 978-7-313-16154-3

Ⅰ. ①我… Ⅱ. ①宋… Ⅲ. ①汉语—对外汉语教学—
教材 Ⅳ. ①H195.4

中国版本图书馆 CIP 数据核字（2016）第 273194 号

我能说，中国话 2

主　　编：宋　艳
出版发行：上海交通大学出版社　　　　　　　　地　　址：上海市番禺路 951 号
邮政编码：200030　　　　　　　　　　　　　　电　　话：021-64071208
出 版 人：郑益慧
印　　制：常熟市文化印刷有限公司　　　　　　经　　销：全国新华书店
开　　本：710 mm×1000 mm　1/16　　　　　　印　　张：25.5
字　　数：370 千字
版　　次：2016 年 11 月第 1 版　　　　　　　　印　　次：2016 年 11 月第 1 次印刷
书　　号：ISBN 978-7-313-16154-3/H
定　　价：128.00 元

随着中国经济的蓬勃发展及中国国际地位的提升,汉语学习已不仅仅是个人的兴趣爱好,而越来越成为重要的工具语言。

如今的汉语学习者大抵可分为两大类:一类为来华脱产学习的学院派留学生;另一类则为因工作或生活需要而学习的实用派学习者。

市面上传统汉语教材或以留学生活为背景,或以日常生活场景为划分,或局限于地域性语言特色,或过多灌输专业语法知识,教材形式也多为冗长的课文配以大篇幅的生词表。此类教材已越来越无法满足广大学习者的学习需求。

本教材作者团队凭借十年以上的一线教学经验,打破传统教材格局,标新立异,扬长避短,以简洁、精练、通俗易懂的英语作为媒介语言进行解释说明,以生词讲解为切入点,将词语使用技巧公式化,再配以大量例句,使入门阶段的汉语学习更加易理解、易吸收、易掌握。

以"a little bit"为例,在汉语中可译为"有点儿"或"一点儿",但用法却大不相同。本书未对其语法特点做过多讲解,仅用两个公式比较说明其相同点与不同点,即"有点儿 + adj."和"adj. + 一点儿"。"有点儿 + adj."用于不太满意时;"adj. + 一点儿"则用于比较。例如:"这个房间有点(儿)小,有大一点(儿)的吗?"这种讲解轻理论、重实用,言简意赅,相信能帮助学习者更加有效地分辨和记忆。

本教材的编写团队成员,皆为具有十年以上一线教学经验的对外汉语教师,他们直接了解学习者在学习中经常遇到的问题及学习需求,并以有效解决问题和满足实际需求作为编写宗旨。他们面对传统汉语教材越来越无法满足广大学习者学习需求的局面，勇于创新，探索新模式，历经一年半时间创作了本系列教材。

本教材为全英文教材，为本书担任翻译的是旅美多年的黄烨女士。黄女士多年的对外汉语教学经历最大程度地保证了媒介语言精准适用。

本套系列教材属于初级教程，共分九个级别，共三册，每册三个级别，每个级别18课，每册54课，内容由易到难，循序渐进，有助于稳步提高学习者的汉语水平。课文标题以E508为例，E意为Elementary（初级），5为级别标号，08为课文标号。

本教材的生词皆选取自HSK汉语水平考试大纲，并加以适当引申，初级教材三册书生词量共1 020个，可达到HSK考试三级水平。

本教材不仅可以作为汉语学习者的学习用书，也可作为汉语教学者的培训用书，因书中所选生词皆为教师日常教学中遇到的问题，本教材对这些问题给予了充分的解释和说明。

最后，向对本教材的出版给予过无私帮助的各界朋友表示感谢。衷心希望本套教材能够对大家学好汉语有所帮助。限于能力，不足之处请大家批评指正。

宋　艳

2016 年 8 月

With the vigorous development of economy and the rise of international status of China, learning Chinese is no longer just a personal interest, but becomes an increasingly important tool language.

Nowadays, Chinese learners probably can be roughly divided into two groups: full-time students and the learners to meet the needs of communication in daily life and work.

Traditional Chinese teaching materials, usually set in the scenes of overseas study or daily life, only focused on the regional language features, with too much professional grammars and lengthy texts and new words. Such teaching materials have been unable to meet the requirements of the majority of learners.

The author team of this series of textbooks, with nearly 20 years of teaching experience, aims to make the Chinese learning easy and simple to grasp by breaking the traditional teaching patterns, explaining the new words in brief and concise English and formulizing the usage of the words with great examples.

Illustrate the phrase "a little bit" as an example. It can be translated as "a little" in Chinese but it differs a lot in usage. We can explain the similarities and differences by comparing two formulas "a little bit + adj." and "adj. + a little bit". "A little bit + adj." is to show one is less satisfied; "adj. + a little bit" is used to compare. For example, "This room is a little bit small, do you have a bigger one?" This method gives much more attention to the practice rather than the theory, and it can help learners distinguish and memorize the new words more efficiently.

The compiling team consists of the Chinese teachers with a decade of teaching experiences. The profound knowledge of the problems students often encountered in the daily study makes the compiling more practical and efficient. To meet the market's large appetite for the qualified Chinese teaching textbooks, all the compiling team members strive for the new modes, creating this series of textbooks in one year and a half.

This series of textbooks, written in English, is translated by Ms. Huang Ye who has lived overseas for years. Her years' experience in teaching Chinese as a foreign language guarantees the accuracy of the media language to the greatest extent.

This series of textbooks, divided into nine levels, a total of three books, each book including three levels, each level 18 classes, one book 54 classes, can help the students improve their English step by step. For example, the title E 508, E represents "elementary", 5 "the grade label", and 08 "the text label".

New words in this series of textbooks are stem from the HSK test syllables with some extensions. The amount of the new words is 1,020, reaching HSK Level 3.

This series of textbooks cannot only be used as textbooks, but also as teachers' books. We give a detailed account of the new words in this series of textbooks.

Finally, the author would like to extend her sincere gratitude and acknowledgement to her friends for their dedicated help and wish this series of the textbooks could be of help to all the Chinese learners. If there exist any inadequacies, the author welcomes all the suggestions and advice.

Maggie（宋艳）

四　级

五 级

六　级

四级

Slow and Fast

Welcome to Lesson One of Elementary Level Four of our *ChineseAny* podcast series teaching Mandarin Chinese. Today we will learn three characters: two nouns, and one verb.

Let's look at them now.

The 1st character is "*fēijī* 飞机". "*fēi* 飞" means "to fly", "*jī* 机" means "machine", flying machine, "*fēijī* 飞机" means "airplane".

飞机
[fēijī]
airplane   noun

"Take an airplane" in Chinese is "*zuò fēijī* 坐飞机". Previously, we learned "*jīpiào* 机票", which means "airplane ticket".

But you may also say "*fēijī piào* 飞机票" which has the same meaning.

OK, the 2nd character is "*xiǎoshí* 小时". "*xiǎo* 小" means "small", "*shí* 时" means "time", "*xiǎoshí* 小时" means "hour". The measure word for "*xiǎoshí* 小时" is "*gè* 个"

小时
[xiǎoshí]
hour   noun

One hour in Chinese is "*yí gè xiǎoshí* 一个小时" To ask "how many hours? you may use "*jǐ gè xiǎoshí* 几个小时" or "*duōshao xiǎoshí* 多少小时". "*jǐ gè* 几个" refers to "a few hours", but "*duōshao* 多少" to "many hours".

For example：

- 我坐了三个小时飞机去韩国。［Wǒ zuò le sān ge xiǎoshí fēijī qù Hánguó］

I took a 3 hour flight to Korea.

- 他昨天工作了十二个小时。［Tā zuótiān gōngzuò le shíèr gè xiǎoshí］

He worked for 12 hours yesterday.

Great, let's look at the 3rd character, "*xiūxi 休息*". "*xiūxi 休息*" is a verb, which means "to rest or to have a rest".

Verbally, we would often say "*xiūxi 休息*" to express that you are not working.

休息
［xiūxi］
to rest   verb

For example：

- 今天我休息。［Jīntiān wǒ xiūxi］

I'm free today（I don't work today）.

- 我太累了，我想休息。［Wǒ tài lèi le, wǒ xiǎng xiūxi］

I'm tired, I want to have a rest.

Great, now let's learn something about the vocabulary of time.

In Chinese, we have two kinds of words for time, one is **TIME POINT** and the other one is **TIME PERIOD**.

Time ↗ Point
↘ Period

➢ We usually use TIME POINT word before the verb.

This means that you did something at a specific point or in time.

Time Point + Verb

The common **TIME POINT** words are，

jīntiān 今天 today   míngtiān 明天 tomorrow

wǔ diǎn 五点 5 o'clock   xīngqīyī 星期一 Monday

For example：

● 今天是星期五。

[Jīntiān shì xīngqīwǔ]

Today is Friday.

> 今天 是 星期五。
>
> time verb
>
> [Jīntiān shì xīngqīwǔ]
>
> Today is Friday.

● 我明天早上五点去机场。[Wǒ míngtiān zǎoshang wǔ diǎn qù jīchǎng]

I will go to the airport tomorrow at 5 a. m.

> 我明天早上五点去机场。
>
> time point   verb
>
> [Wǒ míngtiān zǎoshang wǔ diǎn qù jīchǎng]
>
> I will go to the airport tomorrow at 5 a. m. .

● 我五点给你打电话。[Wǒ wǔ diǎn gěi nǐ dǎ diànhuà]

I will call you at 5 o'clock.

> 我五点 给你打电话。
>
> time point   verb
>
> [Wǒ wǔ diǎn gěi nǐ dǎ diànhuà]
>
> I will call you at 5 o'clock.

➤ The other one is TIME PERIOD.

We usually use the TIME PERIOD word after the verb. This means that "you did something that lasted for a period of time".

> verb + time period

The common **TIME PERIOD** words are，

sān gè xiǎoshí 三个小时 three hour   liǎng tiān 两天 two days

yí ge yuè 一个月 one month   wǔ nián 五年 five years

For example：

- 我的车在这儿停了两个小时。
  [Wǒ de chē zài zhèr tíng le
  liǎng gè xiǎoshí]
  My car parked here for 2 hours.

> 我的车<u>在这儿</u><u>停</u>了<u>两个小时</u>。
>   place verb time period
> [wǒ de chē zài zhèr tíng le
> liǎng gè xiǎoshí]
> My car parked here for 2 hours.

- 他在中国住了三年。[Tā zài
  Zhōngguó zhù le sān nián]
  He lived in China for 3 years.

> 他在中国<u>住</u>了<u>三年</u>。
>   verb time point
> [Tā zài Zhōngguó zhù le sān nián]
> He lived in China for 3 years.

- 我在咖啡店坐了二十分钟。[Wǒ
  zài kāfēi diàn zuò le èrshí
  fēnzhōng]
  I sat at the coffee shop for 20
  minutes.

> 我在咖啡店<u>坐</u>了<u>二十分钟</u>。
>   verb time point
> [Wǒ zài kāfēi diàn zuò le èrshí
> fēnzhōng]
> I sat at the coffee shop for 20
> minutes.

Great，let's look at some more examples to practice what we learned today.

> - 我昨天学习了一个小时。
>   [Wǒ zuótiān xuéxí le yí gè xiǎoshí]
>   I studied for one hour yesterday.
>
> - 中午我们可以休息一个小时。
>   [Zhōngwǔ wǒmen kěyǐ xiūxi yí gè xiǎoshí]
>   We may rest for one hour at noon.

● 一天有多少小时？

[Yì tiān yǒu duōshao xiǎoshí]

How many hours are there in a day?

● 星期一我们打了三个小时电话。

[Xīngqīyī wǒmen dǎ le sān gè xiǎoshí diànhuà]

We have been on the phone for 3 hours on Monday.

Great, so that wraps up today's lesson. Hope you have learned something useful. Download our app to access our Chinese lessons. Remember you can learn Chinese anywhere, anytime with **ChineseAny**.

Word List

Main Vocabulary		
飞机 [fēijī] airplane	小时 [xiǎoshí] hour	休息 [xiūxi] to rest, have a rest
Additional Vocabulary		
飞 [fēi] to fly	飞机票 [fēijī piào] airplane ticket	小 [xiǎo] small

Notes

Verb ＋ Time Period

This pattern indicated the time that an action or a state has lasted.

E. g. ① 我的车在这儿停了两个小时。[Wǒ de chē zài zhèr tíng le liǎng gè xiǎoshí]

My car has been parked here for 2 hours.

② 他在中国住了三年。[Tā zài Zhōngguó zhù le sān nián]

He has lived in China for three years.

③ 这个星期我工作了四天。[Zhè ge xīngqī wǒ gōngzuò le sì tiān]

I have worked for four days in this week.

Quiz

I. Pronunciation.

1. Please choose the initials or finals you heard.

1) A. qiū   B. xiū

2) A. gǎi   B. gěi

3) A. mèi   B. mài

4) A. tuī   B. tuǐ

2. Please choose the Pinyin you heard.

1) A. fēijī   B. fèiqì

2) A. mǎi le   B. mài le

3) A. xiūxi   B. xiūqì

4) A. xiǎoshí   B. xiǎochī

II. Form sentences.

1. <u>qù</u>   <u>nǐ</u>   <u>tā</u>   <u>zěnme</u>   <u>jiā</u>
   1   2   3   4   5

_____

2. <u>wǒ</u>   <u>xué</u>   <u>le</u>   <u>zuótiān</u>   <u>xiǎoshí</u>   <u>yí gè</u>
   1   2   3   4   5   6

_____

3. jǐ   nǐmen   tiān   xiūxi
   1   2   3   4

_____

4. zuò   qù   wǒ   chūzūchē   gōngsī
   1   2   3   4   5

_____

III. Please translate the following sentences into Chinese.

1. How do you go to Beijing?

_____

2. Excuse me, how to go to Zhangjiang road?

_____

3. He goes to the airport by taxi.

_____

4. We have a break of one hour at noon.

_____

Hundred and Thousand

Welcome to Elementary Level Four, Lesson Two of our **ChineseAny** podcast series teaching Mandarin Chinese. Today we will learn three vocabularies, one verb, and two numbers.

Let's look at them now.

The 1st character is "*mài* 卖", "*mài* 卖" means "to sell". You may put the object after it. Please pay attention to the difference in pronunciation between "*mǎi* 买" and "*mài* 卖".

卖
[mài]
to sell   verb

- "*mǎi* 买" is to buy, in the 3rd tone.
  "*mài* 卖" is to sell, in the 4th tone.
- "*mǎi dōngxi* 买东西" is "to purchase something".
  "*mài dōngxi* 卖东西" is "to sell something".

We often say
- 你买什么？[Nǐ mǎi shénme]
  What do you want to buy?
- "*Zhè ge diànnǎo zěnme mài*？这个电脑怎么卖？", "How to sell this computer?" is the literal translation, but the meaning is "How much does this sell for? (How much is it?)"

If we put "*mǎi* 买" and "*mài* 卖"
together, "*mǎimai* 买卖" we get a noun,
which means "business".

买卖
[mǎimai]
business   noun

"do business" is "*zuò mǎimai* 做买卖".

For example：

● 他在上海做买卖。[Tā zài Shànghǎi zuò mǎimai]
He does business in Shanghai.

● 他是一个买卖人。[Tā shì yí gè mǎimai rén]
He is a business man.

OK, next let's learn some numbers.

Previously, we learned the numbers from one to ten. We use them
to express the amount of the money, room number, and building
number. Today let's learn more about numbers.

The two characters we will learn are
"*bǎi* 百" and "*qiān* 千".

Number + 百
[bǎi]
hundred

"*bǎi* 百" means "hundred". You may
put the digits from one to nine before it to
express the numbers "100 ~ 900".

"*qiān* 千" means "thousand". You may
put the digits from one to nine before it to
express the numbers "1000 ~ 9000".

Number + 千
[qiān]
thousand

For example,

● "200" in Chinese is "*èr bǎi* 二百" or
"*liǎng bǎi* 两百"

二百 = 两百
[èr bǎi] = [liǎng bǎi]
two hundred

● "2,000" in Chinese is "*liǎng qiān* 两千"

> 两千
> [liǎng qiān]
> **two thousand**

As we have learned previously, we use "*èr* 二*"* to express the number "2".

We use "*liǎng* 两" when there is a measure word after it. But "20" and "200" are special.

We say "*èrshí* 二十" and "*èr bǎi* 二百". For "2,000" and beyond, we would use "*liǎng* 两".

Now let's try to read the following numbers in Chinese.

三百二十四 324 [Sān bǎi èrshí sì]	一千零五十七 1057 [Yì qiān líng wǔshí qī]
八百六十八 868 [Bā bǎi liùshí bā]	一千二百三十 1230 [Yì qiān èr bǎi sānshí]

Great, let's look at some more examples to practice what we have learned today.

> ● 这个怎么卖？
> [Zhè ge zěnme mài]
> How much is this?
>
> ● 昨天的午饭1200块。
> [Zuótiān de wǔfàn yì qiān liǎng bǎi kuài]
> Yesterday's lunch cost 1,200 RMB.

● 你不可以在这儿卖东西。

[Nǐ bù kěyǐ zài zhèr mài dōngxi]

You cannot sell stuff here.

● 你知道在哪儿卖德国牛奶吗?

[Nǐ zhīdào zài nǎr mài Déguó niúnǎi ma]

Do you know where German milk is sold?

● 这个商店卖什么?

[Zhè ge shāngdiàn mài shénme]

What kinds of goods are sold in this shop?

● 他们公司有两千人。

[Tāmen gōngsī yǒu liǎng qiān rén]

There are 2,000 employees in their company.

● 我在上海住了206天。

[Wǒ zài Shànghǎi zhù le liǎng bǎi líng liù tiān]

I have lived in Shanghai for 206 days.

● 我今天卖了两杯咖啡。

[Wǒ jīntiān mài le liǎng bēi kāfēi]

I sold two cups of coffee today.

Great, so that wraps up today's lesson. Hope you have learned something. Download our app to access our Chinese lessons and learn Chinese anywhere, anytime with **ChineseAny**.

Word List

Main Vocabulary		
卖 [mài] to sell	百 [bǎi] hundred	千 [qiān] thousand
Additional Vocabulary		
买卖 [mǎimai] business		

Notes

百 [bǎi] & 千 [qiān]　　**number + 百 [bǎi] / 千 [qiān]**

二 [èr] / 两 [liǎng] + 百 [bǎi]　　　两 [liǎng] 千 [qiān]

E. g. 324 [sān bǎi èrshí sì]　　　1057 [yì qiān líng wǔshí qī]

868 [bā bǎi liùshí bā]　　　1230 [yì qiān liǎng bǎi sānshí]

Quiz

I. Pronunciation.

1. Please choose the initials or finals you heard.

1) A. yán　　　　　B. yáng

2) A. bēi　　　　　B. bèi

3) A. líng　　　　　B. níng

4) A. duī　　　　　B. duì

2. Please choose the Pinyin you heard.

1) A. zěnme   B. shénme

2) A. dōngxi   B. kōngqì

3) A. liǎng cì   B. liàngcí

4) A. nàr   B. nǎr

II. Form sentences.

1. mài   zhè ge   dōngxi   zěnme
    1   2   3   4

_____

2. le   liǎng   jīntiān   qiān   gè   mài
    1   2   3   4   5   6

_____

3. zài   nǎlǐ   tāmen   mǎimai   zuò
    1   2   3   4   5

_____

4. qiān   liǎng   bǎi   sān   kuài
    1   2   3   4   5

_____

III. Please translate the following sentences into Chinese.

1. How do you sell this?

_____

2. Five hundred and seven.

_____

3. Two thousands eight hundred and sixty.

_____

4. What business do you do?

_____

It's a Secret

Welcome to Elementary Level Four, Lesson Three of our **ChineseAny** podcast series teaching Mandarin Chinese. Today we will learn three characters: one verb and two numbers.

Let's look at them now.

The 1st character is "*bié* 别", A negative imperative is formed by placing "*bié* 别" before a verb to express "don't do something".

别
[bié]
please don't

Using "*bié* 别" is very polite. Its meaning is "please don't".

You may also say "*qǐng bié* 请别 +verb" to give a very kind suggestion.

请别 + Verb
[qǐng bié]
please don't

For example,
- 今天晚上请别喝酒。[Jīntiān wǎnshang qǐng bié hē jiǔ]
  Please don't drink tonight.
- 请别告诉她。[Qǐng bié gàosu tā]
  Please don't tell her.

We usually use "*bié* 别 + Verb +Object + *le* 了" to express "stop doing sth".

别 + Verb + 了	
[bié]	[le]

For example：

- 别休息了，我们走吧！［Bié xiūxi le, wǒmen zǒu ba］
  Don't rest any more，let's go！
- 别说英语了，他是中国人。［Bié shuō Yīngyǔ le, tā shì Zhōngguó rén］
  Don't speak English，he is Chinese.
- 别喝咖啡了，我们喝茶吧。［Bié hē kāfēi le, wǒmen hē chá ba］
  Don't drink coffee，let's have some tea.
- 今天别去了，明天去吧。［Jīntiān bié qù le, míngtiān qù ba］
  Don't go today，go tomorrow.

OK, let's look at the 2nd character, "*mìmì*
秘密" "*mìmì 秘密*" is a noun and it means
"secret".

秘密
［mìmì］
secret　noun

For example：

- 她有很多秘密。［Tā yǒu hěn duō mìmì］
  She has many secrets.
- 她昨天告诉了我一个秘密。［Tā zuótiān gàosu le wǒ yí ge mìmì］
  She told me a secret yesterday.
- 这不是秘密。［Zhè bú shì mìmì］
  This is not a secret.
- 我知道他的秘密。［Wǒ zhīdào tā de mìmì］
  I know his secret.

Let's learn two more vocabularies,

The 1st one is "*mìshū 秘书*", "*mì 秘*" means "secret", "*shū 书*"
means "book". So "*mìshū 秘书*" means "secretary", it's a noun.

The 2nd one is "*mìmǎ 密码*". "*mì 秘*" means "secret", "*mǎ 码*"
means "number", which comes from "*hàomǎ 号码*". So "*mìmǎ 密码*"
means "the secret number", which means "code".

Let's see some examples：

- 他有一位男秘书。［Tā yǒu yí wèi nán mìshū］
  He has a male secretary.
- 我不知道她的密码。［Wǒ bù zhīdào tā de mìmǎ］
  I don't know her code.
- 他没写密码。［Tā méi xiě mìmǎ］
  He didn't write the code.
- 你的秘书可以说汉语吗？［Nǐ de mìshū kěyǐ shuō Hànyǔ ma］
  Can your secretary speak Chinese?

The 3rd character is "*dìtiě* 地铁", "*dìtiě* 地铁" means "subway or metro".

To say "take the subway" is "*zuò dìtiě* 坐地铁".

"subway ticket" is "*dìtiě piào* 地铁票",

"subway station" is "*dìtiě zhàn* 地铁站".

地铁
［dìtiě］
subway　noun

For example：

- 我们坐地铁去机场。［Wǒmen zuò dìtiě qù jīchǎng］
  We will go to the airport by subway.
- 地铁票多少钱？［Dìtiě piào duōshao qián］
  How much is the subway ticket?
- 我坐地铁坐了五站。［wǒ zuò dìtiě zuò le wǔ zhàn］
  I took subway for 5 stops.
- 这里没有地铁站。［Zhèlǐ méiyǒu dìtiě zhàn］
  There is no subway station here.

Great, let's work on some examples to practice what we learned today.

● 别喝啤酒!
[Bié hē píjiǔ]
Don't drink beer!

● 别喝啤酒了。
[Bié hē píjiǔ le]
Don't drink beer any more.

● 别告诉他这个秘密。
[Bié gàosu tā zhè ge mìmì]
Don't tell him this secret.

● 出租车太贵了,我喜欢坐地铁。
[Chūzūchē tài guì le, wǒ xǐhuan zuò dìtiě]
Taxi is too expensive, so I like to take the subway.

● 请问,在哪里买地铁票?
[Qǐng wèn, zài nǎlǐ mǎi dìtiě piào]
Excuse me, where can I buy the subway ticket?

● 你坐地铁去还是坐车去?
[Nǐ zuò dìtiě qù háishi zuò chē qù]
Will you go by subway or car?

Great, so that wraps up today's lesson. Hope you have learned something there. Download our app to access our Chinese lessons. Always, you can learn Chinese anywhere, anytime with **ChineseAny**.

Word List

Main Vocabulary		
别[bié] please don't	秘密[mìmì] secret	地铁[dìtiě] subway
Additional Vocabulary		
秘书[mìshū] secretary	密码[mìmǎ] password	

Notes

◇ **别**[bié]/**不要**[búyào] **+ verb —— do not do any action**

E. g. ① 别告诉他我的电话号码。[Bié gàosù tā wǒ de diànhuà hàomǎ]
　　　 Please don't tell him my phone number.

　　 ② 别坐飞机。[Bié zuò fēijī]
　　　 Please don't take the airplane.

◇ **别**[bié]/**不要**[búyào] **+ verb + le —— do not do any action any more**

E. g. ① 他不在家，我们别去找他了。[Tā bú zài jiā, wǒmen bié qù zhǎo tā le]
　　　 He is not at home, we do not go to look for him.

　　 ② 别说了，我们快走吧。[Bié shuō le, wǒmen kuài zǒu ba]
　　　 Don't talk any more, let's go quicker.

Quiz

I. Pronunciation.

1. Please choose the initials or finals you heard.

1) A. tiě   B. dié

2) A. liáo   B. niǎo

3) A. jué   B. què

4) A. lù   B. lǜ

2. Please choose the Pinyin you heard.

1) A. bié qù   B. bié qì

2) A. tǐtiē   B. dìtiě

3) A. túshū   B. dúshū

4) A. zāogāo   B. cáogǎo

II. Form sentences.

1. gàosu   bié   tā   zhè ge   mìmì
    1   2   3   4   5

_____

2. nǎlǐ   mǎi   zài   qǐng wèn   piào   dìtiě
   1   2   3   4   5   6

_____

3. yǒu   mìshū   nǐ   ma
   1   2   3   4

_____

4. bié   wǎnshang   kāfēi   hē
   1   2   3   4

_____

III. Please translate the following sentences into Chinese.

1. Mom told me that do not drink much beer.

_____

2. I do not like to tell other people my secret.

_____

3. It is too expensive to go by taxi, I'd like to go by subway.

_____

4. Don't go to there, I'm too tired today.

_____

How Do You Like This

Welcome to Elementary Level Four, Lesson Four of our **ChineseAny** podcast series teaching Mandarin Chinese. Today we will learn three characters: one noun, one verb, and one special question word. Let's look at them now.

The 1st character is "*shíjiān* 时间".
"*shíjiān* 时间" is a noun and it means "time".

时间
[shíjiān]
time   noun

For example:

- 我没有时间。[Wǒ méiyǒu shíjiān]
  I have no time.

- 现在是什么时间? [Xiànzài shì shénme shíjiān]
  What time is it now?

- 我的时间不多。[Wǒ de shíjiān bù duō]
  My time is not too much. (I don't have enough time)

- 请给我一点儿时间。[Qǐng gěi wǒ yìdiǎnr shíjiān]
  Please give me some time.

OK, the 2nd character is "*juéde* 觉得".
"*juéde* 觉得" is a verb, which means "to feel or to think".

You may have a "feeling or opinion" after it,

觉得
[juéde]
to feel   verb

which can be used as an adjective or a sentence.

For example：

- 我觉得很累。[Wǒ juéde hěn lèi]
  I feel tired.
- 我觉得坐火车去北京太慢了。
  [Wǒ juéde zuò huǒchē qù Běijīng tài màn le]
  I think it's too slow to go to Beijing by train.
- 我觉得他的女秘书很漂亮。[Wǒ juéde tā de nǚ mìshū hěn piàoliang]
  I think his female secretary is pretty.
- 我觉得时间太少了。[Wǒ juéde shíjiān tài shǎo le]
  I think time is too tight.

Great，let's move on to the 3rd character，"*zěnmeyàng* 怎么样" which is the special question word to ask "how about".

> 怎么样
> [zěnmeyàng]
> How about . . . ?
> Special question word

Usually，we use "*Subject* + *juéde* 觉得 + *Object* + *zěnme yàng* 怎么样？" to ask "how does somebody like something"

> *Sb.* + 觉得 + *Object* + 怎么样？
> [juéde]　　　[zěnmeyàng]
> How does somebody like something?

For example：
- 你觉得你的汉语老师怎么样？
  [Nǐ juéde nǐ de Hànyǔ lǎoshī zěnmeyàng]
  How do you like your Chinese teacher?

- 你觉得今天的晚饭怎么样? [Nǐ juéde jīntiān de wǎnfàn zěnmeyàng]
  How do you like today's dinner?

Great, let's learn one more thing.

In Chinese, we have three simple sentences which are used often. Please memorize and practice them.

➤ The 1ˢᵗ one, "zěnme le 怎么了?", which means "What's up?"

For example:

怎么了
[zěnme le]
What's up?

- 你怎么了? [Nǐ zěnme le]
  What's wrong with you?

- 你的电脑怎么了? [Nǐ de diànnǎo zěnme le]
  What's wrong with your computer?

➤ The 2ⁿᵈ one, "zěnmeyàng? 怎么样?", Which means "How about ...?"

For example:

怎么样
[zěnme yàng]
How about ...?

- 这个怎么样? [Zhè ge zěnmeyàng]
  How about this?

- 你的汉语老师怎么样? [Nǐ de Hànyǔ lǎoshī zěnmeyàng]
  How about your Chinese teacher?

➤ The 3ʳᵈ one, "zěnme bàn 怎么办?", which means "what should sb do?"

For example:

怎么办
[zěnme bàn]
What should sb. do?

- 我们怎么办? [Wǒmen zěnme bàn]
  What can we do?

- 你想怎么办? [Nǐ xiǎng zěnme bàn]
  What do you want to do?

Great, let's look at some examples to practice what we have learned today.

- 你觉得他的汉语怎么样？
  [Nǐ juéde tā de Hànyǔ zěnmeyàng]
  What do you think about his Chinese?

- 我觉得他的女朋友很漂亮。
  [Wǒ juéde tā de nǚ péngyǒu hěn piàoliang]
  I think his girlfriend is beautiful.

- 明天你有时间吗？
  [Míngtiān nǐ yǒu shíjiān ma]
  Do you have time tomorrow?

- 我们下个星期去北京怎么样？
  [Wǒmen xià ge xīngqī qù Běijīng zěnmeyàng]
  How about going to Beijing next week?

Great, so that wraps up today's lesson. Hope you have learned something. Download our app to access our Chinese lessons. Remember, you can learn Chinese anywhere, anytime with **ChineseAny**.

Word List

Main Vocabulary		
时间[shíjiān] time	觉得[juéde] to feel, to think	怎么样[zěnmeyàng] how about

Additional Vocabulary		
怎么了[zěnme le] What's up?	怎么办[zěnme bàn] How to do?	

Notes

The special question word 怎么样[zěnmeyàng]

Subject + 觉得[juéde] + **Object** + 怎么样[zěnmeyàng]?

E. g. ① 你觉得上海怎么样? [Nǐ juéde Shànghǎi zěnmeyàng]

How do you like Shanghai?

② 你觉得昨天的酸奶怎么样?

[Nǐ juéde zuótiān de suānnǎi zěnmeyàng]

How do you like yesterday's yogurt?

Quiz

I. Pronunciation.

1. Please choose the initials or finals you heard.

1) A. yàng   B. jiàng

2) A. jú   B. jué

3) A. qiàn   B. jiàn

4) A. péng   B. pén

2. Please choose the Pinyin you heard.

1) A. shíjiān   B. shíjiàn

2) A. dìdào   B. dìdao

3) A. zěnmeyàng   B. zěnme jiǎng

4) A. hǎochī   B. hàochī

II. Form sentences.

1. juéde   tā de   Hànyǔ   nǐ   zěnmeyàng
   1   2   3   4   5

_____

2. wǒ   nǔ   juéde   péngyou   hěn   tā de   piàoliang
  1   2   3   4   5   6   7

_____

3. zhè ge   wǒ   le   juéde   dōngxi   tài   guì
   1   2   3   4   5   6   7

_____

4. zuò   wǒmen   qù   chūzūchē   zěnmeyàng
  1   2   3   4   5

_____

III. Please translate the following sentences into Chinese.

1. Let's go to Beijing next week, OK?

_____

2. Do you have time tomorrow?

_____

3. How do you like this meal?

_____

4. I think this movie is very nice.

_____

It's Just So-so

Welcome to Elementary Level Four, Lesson Five of our *ChineseAny* podcast series teaching Mandarin Chinese. Today we will learn three adjectives. Let's look at them now.

The 1st vocabulary is "*búcuò* 不错", It's an adjective and its meaning matches the literal meaning of the phrase. "*bú* 不" means "not". "*cuò* 错" means "wrong or bad". So "*búcuò* 不错" means "not bad". But in Chinese, we usually use it to say "That's great".

不错
[búcuò]
great (not bad)   adjective

Since it's an adjective, you may add "*hěn* 很" before it, "*hěn búcuò* 很不错", which means "really great"!

For example：
- 我的汉语老师很不错！[Wǒ de Hànyǔ lǎoshī hěn búcuò]
  My Chinese teacher is quite great!
- 这个商店很不错！[Zhè ge shāngdiàn hěn búcuò]
  This shop is quite good!

OK, the 2nd character is "*cuò* 错". "*cuò* 错" is an adjective and it means "wrong".

错
[cuò]
wrong   adjective

We usually use it after a past tense

verb to express **Sb. did something incorrectly**.

Normally the character "*le* 了" is added at the end of the sentence. For example：
- "I spoke incorrectly." in Chinese is "Wǒ shuō cuò le 我说错了".
- "I saw it incorrectly." in Chinese should be "Wǒ kàn cuò le 我看错了".
- "You heard it incorrectly." in Chinese should be "Nǐ tīng cuò le 你听错了".
- "You wrote it incorrectly." in Chinese should be "Nǐ xiě cuò le 你写错了".

If there is an object after the verb，you may put the object after "*cuò* 错".

> Sb. + verb + 错 + object + 了
>   [cuò]   [le]

For example：
- "You've got the wrong number" in Chinese is "Nǐ dǎ cuò diànhuà le 你打错电话了"
- "I said the wrong words" in Chinese is "Wǒ shuō cuò huà le 我说错话了。"

OK, let's move on to our 3rd vocabulary word, "*mǎmǎhūhū* 马马虎虎". "*mǎmǎhūhū* 马马虎虎" is an adjective, which means "so-so".

> 马马虎虎
> [mǎmǎhūhū]
> so-so　adjective

30

We usually use it as the answer to the question "... *zěnmeyàng* 怎 么样？", to describe that something or somebody is "so-so". It usually means that you are not satisfied with the thing or person you are talking about.

For example：

● 你的汉语老师怎么样? ［Nǐ de Hànyǔ lǎoshī zěnmeyàng］
How do you like your Chinese teacher?

If you are not very satisfied with the teacher, you may say "*mǎmǎ hūhū* 马马虎虎" which means "she is so-so".

"*mǎ* 马" means "horse". "*hǔ* 虎" means "tiger".

There is a story about this word. There was an artist, whose drawing skills were quite bad. One day, he drew an animal and asked his friends to have a look. The friends asked him, "What is this? It looks like a tiger but it also looks like a horse." The artist said, "whatever, it's just OK" So that is how "horse horse tiger tiger" took on its present meaning.

It's just a story, but hopefully it will help you to remember "*mǎmǎ hūhū* 马马虎虎".

Great, let's look at some examples to practice what we learned today.

● 对不起，我说错了。
［Duìbuqǐ, wǒ shuō cuò le］
Sorry, I said it incorrectly.

● 我觉得这个菜马马虎虎。
［Wǒ juéde zhè ge cài mǎmǎhūhū］
I think this dish tastes so-so.

● 我叫错了她的名字。

[Wǒ jiào cuò le tā de míngzi]

I incorrectly called her name.

● 你买错了,他不喜欢这个咖啡。

[Nǐ mǎi cuò le, tā bù xǐhuan zhè ge kāfēi]

You bought the wrong thing, he doesn't like this coffee.

● 我看错了,他不是张老师。

[Wǒ kàn cuò le, tā bú shì Zhāng lǎoshī]

I saw incorrectly, he is not Teacher Zhang.

● 我写错了两个汉字。

[Wǒ xiě cuò le liǎng gè Hànzì]

I wrote two Chinese characters incorrectly.

● 他们走错路了。

[Tāmen zǒu cuò lù le]

They took the wrong route.

● 她买错东西了。

[Tā mǎi cuò dōngxi le]

She bought the wrong thing.

Great, so that wraps up today's lesson. Hope you have learned something. Please download our app to access our Chinese lessons and learn Chinese anywhere, anytime with **ChineseAny**.

Word List

Main Vocabulary		
不错[búcuò] great, not bad	错[cuò] wrong	马马虎虎[mǎmǎhūhū] just so-so
Additional Vocabulary		
马[mǎ] horse	虎[hǔ] tiger	

Notes

Sb. + verb + 错[cuò] **+ (Object) + 了**[le]

E.g. ① 我买错汉语书了。[Wǒ mǎi cuò Hànyǔ shū le]

I bought wrong Chinese book.

② 我说错话了。[Wǒ shuō cuò huà le]

I said wrong words.

Quiz

I. Pronunciation.

1. Please choose the initials or finals you heard.

1) A. chī   B. chē

2) A. bù   B. pù

3) A. cuò   B. zuò

4) A. qǐ   B. jǐ

2. **Please choose the Pinyin you heard.**

     1) A. búcuò   B. búzuò

     2) A. mǎhu   B. mǎlù

     3) A. gǎnxiè   B. gǎixiě

     4) A. zòuyuè   B. zhòuyè

II. Form sentences.

1. <u>wǒ</u>   <u>shuō</u>   <u>le</u>   <u>cuò</u>   <u>duìbuqǐ</u>
    1   2   3   4   5

_____

2. <u>mǎhu</u>   <u>tài</u>   <u>wǒ</u>   <u>le</u>
     1   2   3   4

_____

3. <u>zì</u>   <u>nǐ</u>   <u>liǎng</u>   <u>le</u>   <u>gè</u>   <u>cuò</u>   <u>xiě</u>
   1   2   3   4   5   6   7

_____

4. <u>wǒ</u>   <u>zhè ge</u>   <u>juéde</u>   <u>mǎmǎhūhū</u>   <u>cài</u>
    1   2   3   4   5

_____

III. Please translate the following sentences into Chinese.

   1. I think his Chinese is not bad.

_____

   2. He thinks this dish is so-so.

_____

3. Sorry, you got the wrong number.

_____

4. They went to the wrong road.

_____

How About Your Weekend

Welcome to Level Four, Lesson Six of our **ChineseAny** podcast series teaching Mandarin Chinese. Today we will learn three words: one verb, one noun, and one particle. Let's look at them now.

The 1st word is "*zhōumò 周末*", weekend. "*zhōu 周*" means "week", it has the same meaning as "*xīngqī 星期*". You may say "*xīngqīyī 星期一*" or you may also say "*zhōu yī 周一*" for Monday. But Sunday "*xīngqītiān 星期天*" would be "*zhōurì 周日*".

周末
[zhōumò]
weekend   noun

"*mò 末*" means "end", "*zhōumò 周末*" means "weekend". To say "the end of the month" in Chinese is "*yuèmò 月末*", The end of the year, "*niánmò 年末*". But you definitely cannot say "*xīngqī mò 星期末*".

For example:

- 你这个周末有时间吗？[Nǐ zhè ge zhōumò yǒu shíjiān ma]
  Do you have time this weekend?
- 他这个周末来我家看我。[Tā zhè ge zhōumò lái wǒ jiā kàn wǒ]
  He will come to my home to visit me this weekend.

OK, today's 2nd character is "*de 得*". "*de 得*" is one of the three most commonly used particles in Chinese.

得
[de]   particle

It is used to connect two kinds of words.

We have previously learned, "*de* 的", which is used to connect an adjective and a noun, or a pronoun and a noun, to express the relationship of possession.

➤ The format is "*adj + de* 的 *+ noun*", Or "*pronoun + de* 的 *+ noun*"

For example：

- 贵的东西[guì de dōngxi]

  Things those are expensive.

- 妈妈的电话[māma de diànhuà]

  Mom's phone.

| adj.
pronoun | }的 + noun |
| [de] | |

In today's lesson, let's learn the other particle "*de* 得" which connects a verb and an adjective to describe the degree of an action.

The format is "*verb + de* 得 *+ adj.*"

For example：

- 你的汉语说得很好。[Nǐ de Hànyǔ shuō de hěn hǎo]

  You speak Chinese very well.

- 他的汉字写得很漂亮。[Tā de Hànzì xiě de hěn piàoliang]

  His Chinese characters are written beautifully.

| verb + 得 + adj |
| [de] |

From these two examples, you may see the sentence structure "**Object + Verb +de** 得 **+ Adj.**" The object is placed in the front to place emphasis on the object.

When the verb is composed of "Verb + Object", like "*chī fàn* 吃饭" ("*chī* 吃" to eat, is a verb; "*fàn* 饭" meal, is a noun) or "*zǒu lù* 走

路"（"*zǒu 走*" to walk, is a verb；"*lù 路*" road, is a noun），you should follow the format "**S. + Verb + Object + Verb +de 得 + Adj.** ".

Yes，you need to repeat the verb part of the "Verb + Object".

> S. + Verb + Object + Verb +得+ adj.
> [de]

Great，let's look at today's 3rd character "*guò 过*". "*guò 过*" has several meanings in Chinese, but today we will study the meaning "to pass, or to spend the time".

> 过
> [guò]
> to pass, to send particle

Normally，we'd add an amount of time after it to express "**Sb. has spent some time**" or "**Some amount of time has passed**".

For example：

- 过周末[guò zhōumò]

  To spend the weekend.

- 过了一个星期[guò le yí gè xīngqī]

  One week passed, after one week.

- 我在上海过得很好。[Wǒ zài Shànghǎi guò de hěn hǎo]

  I in Shanghai spend (time) very well.

  (I had a good time in Shanghai.)

- 我们今天过得很高兴！[Wǒmen jīntiān guò de hěn gāoxìng]

  We had a great time today！

Great，let's look at some examples to practice what we have learned today.

● 这个周末过得怎么样？
[Zhè ge zhōumò guò de zěnmeyàng]
How was your weekend?

● 他的汉语说得怎么样？
[Tā de Hànyǔ shuō de zěnmeyàng]
How is his Chinese?

● 我们下个月末去上海。
[Wǒmen xià ge yuèmò qù Shànghǎi]
We'll go to Shanghai at the end of next month.

● 这周我没有时间。
[Zhè zhōu wǒ méiyǒu shíjiān]
I have no time this weekend.

● 他们在上海过得不好。
[Tāmen zài Shànghǎi guò de bù hǎo]
They are not doing well in Shanghai.

● 昨天你们吃饭吃得怎么样？
[Zuótiān nǐmen chī fàn chī de zěnmeyàng]
How about your dinner yesterday?

Great, so that wraps up today's lesson. Hope you have learned something. Download our app to access our Chinese lessons. Remember, you can learn Chinese anywhere, anytime with **ChineseAny**.

Word List

Main Vocabulary		
周末[zhōumò] weekend	得[de] particle	过[guò] to pass，to spend particle
Additional Vocabulary		
周[zhōu] week	末[mò] the end of	周一[zhōu yī] Monday
月末[yuèmò] end of the month	年末[niánmò] end of the year	

Notes

Subject + verb + 得[de] **+ adj**

Subject + verb + 得[de] **+ adjective**

Subject + verb + object + verb + 得[de] **+ adjective**

E. g. ① 他走得太快了。[Tā zǒu de tài kuài le]

He walks too fast.

② 他写汉字写得很慢。[Tā xiě Hànzì xiě de hěn màn]

He writes character very slow.

③ 这个周末我们过得很好。[Zhè ge zhōumò wǒmen guò de hěn hǎo]

This weekend we spent very well.

(We had a great weekend.)

Quiz

I. Pronunciation.

1. Please choose the initials or finals you heard.

1) A. nǔ   B. mǔ

2) A. zhuō   B. zhōu

3) A. guò   B. gòu

4) A. xiě   B. jiě

2. Please choose the Pinyin you heard.

1) A. zhōumò   B. zhuómó

2) A. guòchéng   B. gòuchéng

3) A. zhǔnbèi   B. chǔbèi

4) A. mòshāo   B. mòshōu

II. Form sentences.

1. guò   zhōumò   nǐ   zěnme
   1   2   3   4

   _____

2. nǐ   Shànghǎi   guò   zài   zěnmeyàng   de
   1   2   3   4   5   6

   _____

3. zhè ge   wǒ   zhōu'èr   máng   hěn
   1   2   3   4   5

   _____

4. tāmen de   búcuò   Hànyǔ   de   shuō
   1   2   3   4   5

   _____

III. Please translate the following sentences into Chinese.

1. How was your weekend?

_____

2. How is your cooking?

_____

3. We can't speak Chinese very well.

_____

4. How was your study in China?

_____

It's Cold

Welcome to Level Four, Lesson Seven of our **ChineseAny** podcast series teaching Mandarin Chinese. Today we will learn three words: one noun and two adjectives. Let's look at them now.

The 1st word is "*tiānqì* 天气", weather. It's a noun.

天气
[tiānqì]
weather noun

You may say:

- 今天的天气很好。[Jīntiān de tiānqì hěn hǎo]
  Today's weather is good.
- 明天的天气怎么样? [Míngtiān de tiānqì zěnmeyàng]
  How about tomorrow's weather?
- 我喜欢上海的天气。[Wǒ xǐhuan Shànghǎi de tiānqì]
  I like Shanghai's weather.

OK, the next two adjectives are "*lěng* 冷" and "*rè* 热".

冷	热
[lěng]	[rè]
cold	hot

They are antonyms cold and hot respectively. You may add "*hěn* 很" or "*bù* 不" before them.

For example:

- 今天不冷。[Jīntiān bù lěng]
  Today is not cold.

- 明天很热。[Míngtiān hěn rè]

  Tomorrow is very hot.

However, you cannot use them to describe the weather. So "*Jīntiān de tiānqì hěn lěng* 今天的天气很冷" is not correct. You may also use them before the nouns, like

- 热水[rè shuǐ]

  hot water

- 热牛奶[rè niúnǎi]

  hot milk

- 冷菜[lěng cài]

  cold dish(food)

- 热菜[rè cài]

  hot dish(food)

Great, let's learn something more.

We have learned "*de* 的" previously. Now let's review how to use it.

➤ **"Pronoun/noun + de 的 + noun"**, we use it to describe possession.

For example：

- 我的家[wǒ de jiā]

  My home

- 他的电话号码[tā de diànhuà hàomǎ]

  His phone number

- 电影的名字[diànyǐng de míngzi]

  Movie's name

- 车站的出口[chēzhàn de chūkǒu]

  The station's exit

➤ **"Adjective + de 的 + noun"**

For example：

● 好看的手机[hǎokàn de shǒujī]

  Nice-looking mobile phone

● 好吃的早饭[hǎochī de zǎofàn]

  Delicious breakfast

Normally，if the adjective has two or more characters，we must use the "*de 的*" between the adjective and the noun. But if the adjective has one character，the "*de 的*" can usually be omitted. So you are allowed to say "cold water"，"*lěng de shuǐ 冷的水*"，"hot coffee"，"*rè de kāfēi 热的咖啡*"，but "*lěng shuǐ 冷水*"，"*rè kāfēi 热咖啡*" would be more common.

Also，when we use this format in a conversation，the noun after "*de 的*" could be omitted，similar to how it can be omitted in a response in English.

For example：

● A：你喜欢喝热咖啡还是冷咖啡?

  [Nǐ xǐhuan hē rè kāfēi háishi lěng kāfēi]

  Do you like hot coffee or cold coffee?

● B：我喜欢喝热的。[Wǒ xǐhuan hē rè de]

  I like hot.

● A：你要多的牛奶还是少的牛奶? [Nǐ yào duō de niúnǎi háishi shǎo de niúnǎi]

  Which do you want，more milk or less milk?

● B：我要多的。[Wǒ yào duō de]

  I want more.

➤ **"Verb phrase +de 的 + noun"，we can use it as the attribute for a noun.**

For example：

- 我买的书[wǒ mǎi de shū]

  The book I bought

- 我朋友写的汉字[wǒ péngyou xiě de Hànzì]

  The Chinese character that my friend wrote

For these two examples，you may see that in Chinese we need to put the attribute before the noun. This is completely different from English，so please pay special attention to this.

Great，let's look at some examples to practice what we have learned today.

- 你觉得上海的天气怎么样?

  [Nǐ juéde Shànghǎi de tiānqì zěnmeyàng]

  How do you like Shanghai's weather?

- 我想喝热水。

  [Wǒ xiǎng hē rèshuǐ]

  I want to drink hot water.

- 我觉得很冷,你呢?

  [Wǒ juéde hěn lěng, nǐ ne]

  I feel cold, how about you?

- 你要买贵的还是便宜的?

  [Nǐ yào mǎi guì de háishi piányi de]

  Do you want the expensive one or the cheap one?

- 我们要了三个冷菜,三个热菜。

  [Wǒmen yào le sān gè lěng cài, sān gè rè cài]

  We ordered three cold dishes and three hot dishes.

- 今天的天气不错!

  [Jīntiān de tiānqì búcuò]

  Today's weather is very nice.

Great, so that wraps up today's lesson. Hope you have learned something. Download our app to access our Chinese lessons. Remember, you can learn Chinese anywhere, anytime with **ChineseAny**.

Word List

Main Vocabulary		
天气[tiānqì] weather	冷[lěng] cold	热[rè] hot
Additional Vocabulary		
冷菜[lěng cài] cold dish	热菜[rè cài] hot dish	

Notes

"的[de]" —— **belong to.**

◇ **Pronoun/noun + de 的 + noun**

E. g. ① 索菲老师的书[Suǒfēi lǎoshī de shū]

　　　 Teacher Sophie's book.

② 我们的汉语老师[wǒmen de Hànyǔ lǎoshī]

Our Chinese teacher

◇ **Verb phrase + 的[de] + noun**

E.g. ① 他学习的东西很难。[Tā xuéxí de dōngxi hěn nán]

The things that he studied are very difficult.

② 妈妈做的饭很好吃。[Māma zuò de fàn hěn hǎochī]

The food that my Mom cooked is very delicious.

Quiz

I. Pronunciation.

1. Please choose the initials or finals you heard.

1) **A.** qiǎn   **B.** jiǎn

2) **A.** mēn   **B.** mēng

3) **A.** bíng   **B.** píng

4) **A.** tuī   **B.** duī

2. Please choose the Pinyin you heard.

1) **A.** tiānqì   **B.** tiāndì

2) **A.** rèshuǐ   **B.** rě shuí

3) **A.** lěngqì   **B.** néng qí

4) **A.** tiān rè   **B.** tiān lè

II. Form sentences.

1. <u>jīntiān</u>   <u>hěn</u>   <u>tiānqì</u>   <u>hǎo</u>   <u>de</u>
    1   2   3   4   5

2. <u>nǐ</u>   <u>niúnǎi</u>   <u>lěng de</u>   <u>rè de</u>   <u>háishi</u>   <u>yào</u>
    1   2   3   4   5   6

3. <u>bú</u>   <u>rè</u>   <u>míngtiān</u>
   1   2   3

_____

4. <u>nán de</u>   <u>nǐ de</u>   <u>péngyou</u>   <u>nǚ de</u>   <u>shì</u>   <u>háishi</u>
   1   2   3   4   5   6

_____

III. Please translate the following sentences into Chinese.

1. What do you think of the weather in Shanghai?

_____

2. I feel very cold, how about you?

_____

3. Do you want expensive one or cheap one?

_____

4. We ordered three cold dishes and three hot dishes.

_____

Go Home

Welcome to Level Four, Lesson Eight of our ***ChineseAny*** podcast series teaching Mandarin Chinese. Today we will learn 3 vocabulary words: One special question word and two verbs. Let's look at them now.

The 1st word is "*shénme shíhou 什么时候*". "*shénme shíhou 什么时候*" is a special question word. It means "when" or "what time". We use it to "ask for the time". You may use it instead of using the specific time word like "day", "hour", etc. in the sentence structure.

什么时候
[shénme shíhou]
when/what time
special question word

For example:

● "When will you come?" in Chinese is
"Nǐ shénme shíhou lái 你什么时候来?"
● "When did you buy the ticket?" in Chinese is
"Nǐ shénme shíhou mǎi le piào 你什么时候买了票?"

There is one more thing we need to pay attention to. Previously, we learned "*jǐ diǎn 几点*" to "ask for the time". But "*shénme shíhou 什么时候*" is used to ask "when".

For example:

● A: 你几点来? [Nǐ jǐ diǎn lái]

What time will you come?

- B：我早上十点来。［Wǒ zǎoshang shí diǎn lái］
  I will come at 10：00 am.

- A：你什么时候来？［Nǐ shénme shíhou lái］
  When will you come?

- B：我明天下午来。［Wǒ míngtiān xiàwǔ lái］
  I will come tomorrow afternoon.

OK, let's move on to the 2nd character，
"*huí 回*". "*huí 回*" means "to return". You
may add a location after it to express "returning
to some place".

回
［huí］
to return　verb

For example：

- 回家［huí jiā］
  Return home

- 回国［huí guó］
  Return to（my）country

- 回上海［huí Shànghǎi］
  Return to Shanghai

- 回中国［huí Zhōngguó］
  Return to China

You may also use "*lái 来*" or "*qù 去*" after "*huí 回*" to express
the direction of the return. So "*huílai 回来*" means "to come back"，
"*huíqu 回去*" means "to go back".

For example：

- "When will you come back?" in Chinese should be

"Nǐ shénme shíhou huílai 你什么时候回来?".

● "He went back. " in Chinese should be
"Tā yǐjīng huíqu le 他已经回去了".

OK, let's look at the 3ʳᵈ vocabulary word,
"*kāishǐ 开始*". "*kāishǐ 开始*" means "to start or
to begin".

We usually use a verb after it to express
"to start doing something".

However, we don't put a noun after it. So, "Let's start" in Chinese
is "*Wǒmen kāishǐ ba 我们开始吧*", where "*ba 吧*" is the particle used
when making a suggestion.

开始
[kāishǐ]
to start   verb

For example：
● 我们开始学习汉语吧！ [Wǒmen kāishǐ xuéxí Hànyǔ ba]
Let's start studying Chinese！
● 那个电影什么时候开始? [Nà ge diànyǐng shénme shíhou kāishǐ]
When does that movie start?

Great，let's look at some examples to practice what we learned today.

● 你家人什么时候来上海?
[Nǐ jiārén shénme shíhou lái Shànghǎi]
When will your families come to Shanghai?
● 你们什么时候认识了?
[Nǐmen shénme shíhou rènshi le]
When did you meet each other?

● 我星期三开始工作。

[Wǒ xīngqīsān kāishǐ gōngzuò]

I will start to work from Wednesday.

● 明年你们回国吗？

[Míngnián nǐmen huí guó ma]

Will you go back to your country next year?

● 你们想什么时候开始学习汉语？

[Nǐmen xiǎng shénme shíhou kāishǐ xuéxí Hànyǔ]

When would you like to start learning Chinese?

● 我们坐出租车回去。

[Wǒmen zuò chūzūchē huíqu]

I will go back by taxi.

Great，so that wraps up today's lesson. Hope you have learned something today. Download our app to access our Chinese lessons. Remember you can learn Chinese anywhere，anytime with **ChineseAny**.

◖ **Word List**

Main Vocabulary		
什么时候 [shénme shíhou] when	回[huí] to return	开始[kāishǐ] to start，to begin
Additional Vocabulary		
回家[huí jiā] go back home	回国[huí guó] go back country	回来[huílai] come back
回去[huíqu] go back		

○ **Notes**

回 [huí] **+** 来 [lái] / 去 [qù]

E. g. ① 晚上几点回来？[Wǎnshang jǐ diǎn huílai]

What time do you come back?

② 朋友们都已经回去了。[Péngyou men dōu yǐjīng huíqu le]

Friends all came back.

③ 太晚了，我们回去吧。[Tài wǎn le, wǒmen huíqu ba]

It is too late, let's go back.

○ **Quiz**

I. Pronunciation.

1. Please choose the initials or finals you heard.

1) A. huí   B. huǐ

2) A. kāi   B. kài

3) A. lüè   B. nüè

4) A. lù   B. lǜ

2. Please choose the Pinyin you heard.

1) A. shénme shíhou   B. zěnme zhīdào

2) A. kāishǐ   B. kāizhī

3) A. huílái   B. huì lái

4) A. huíqù   B. guīqù

II. Form sentences.

1. <u>diànyǐng</u>   <u>shíhou</u>   <u>shénme</u>   <u>nà ge</u>   <u>kāishǐ</u>
   1   2   3   4   5

_____

2. <u>míngnián</u>   <u>nǐ</u>   <u>shíhou</u>   <u>huí</u>   <u>shénme</u>   <u>guó</u>
   1   2   3   4   5   6

_____

3. <u>nǐmen</u>   <u>shénme</u>   <u>xiǎng</u>   <u>shíhou</u>   <u>rènshi</u>
   1   2   3   4   5

_____

4. <u>xià ge</u>   <u>guó</u>   <u>xīngqī</u>   <u>huí</u>   <u>wǒmen</u>
   1   2   3   4   5

_____

III. Please translate the following sentences into Chinese.

1. When are you going home today?

_____

2. When did you begin to study Chinese?

_____

3. When will your family come to Shanghai?

_____

4. When did you buy the ticket?

_____

Let's Have a Meeting

Welcome to Level Four, Lesson Nine of our **ChineseAny** podcast series teaching Mandarin Chinese. Today we will learn three words: two verbs and one pronoun. Let's look at them now.

The 1ˢᵗ pronoun is "*měi* 每". "*měi* 每" means "every". We usually add a noun after it. But it is different from English because we need to add a measure word before the noun.

> 每
> [měi]
> every   pronoun

For example:
- "Everyone" in Chinese is "měi gè rén 每个人".
- "Every cup of tea" in Chinese is "měi bēi chá 每杯茶".
- "Every bottle of beer" in Chinese is "měi píng píjiǔ 每瓶啤酒".

But as you have already known there are three special nouns which have no measure words.

They are "*tiān* 天", "*nián* 年" and "*zhōu* 周".
- So "every day" in Chinese is "měi tiān 每天".
- "every year" in Chinese is "měi nián 每年".
- "every week" in Chinese is "měi zhōu 每周".

When we use "*měi* 每" to say "every", we normally put the "*dōu* 都" before the verb.

For example：

- 他每天都喝啤酒。[Tā měitiān dōu hē píjiǔ]
  He drinks beer everyday.

- 我每天都吃早饭。[Wǒ měitiān dōu chī zǎofàn]
  I have breakfast every morning.

- 每个人都知道他是我男朋友。[Měi gè rén dōu zhīdào tā shì wǒ nán péngyou]
  Everybody knows he is my boyfriend.

- 我们每年都去北京。[Wǒmen měi nián dōu qù Běijīng]
  We go to Beijing every year.

OK，today's 2nd vocabulary word is "*kāihuì* 开会"。"*kāihuì* 开会" is a verb which means "to have a meeting"。"*kāi* 开" here means "to hold or to have".

开会
[kāihuì]
to have meeting   verb

"*huì* 会" means "meeting"。So "to have a meeting" in Chinese is "*kāi yí gè huì* 开一个会"。"What meeting to hold?" in Chinese is "*kāi shénme huì* 开什么会？"

For example：

- 明天我们几点开会？[Míngtiān wǒmen jǐ diǎn kāihuì]
  What time will we have the meeting tomorrow?

- 今天下午我们在哪儿开会？[Jīntiān xiàwǔ wǒmen zài nǎr kāihuì]
  Where shall we have the meeting this afternoon?

- 请告诉我开会的时间。[Qǐng gàosu wǒ kāihuì de shíjiān]
  Please tell me the time of the meeting.

- 我们今天开了五个会。[Wǒmen jīntiān kāi le wǔ gè huì]
  We had five meetings today.

We learned "*kāi* 开" today, which means "to open or to turn on". We previously learned "*shǒujī* 手机" means "mobile phone". So we may say "*kāijī* 开机" to express turn on your mobile phone.

Great, let's move on to the last word of today's lesson, which is "*shuìjiào* 睡觉". "*shuìjiào* 睡觉" means "to sleep". Note that this verb has the form "Verb + Object", "*shuì* 睡" is a verb which means "to sleep". "*jiào* 觉" is a noun which means "sleeping". If you need to describe the sleep, you may put an adjective between "*shuì* 睡" and "*jiào* 觉".

> 睡觉
> [shuìjiào]
> to sleep   verb

For example：
- "To have a good sleep" in Chinese you'd say "Shuì(yí) gè hǎo jiào 睡(一)个好觉"
- 我睡了一个小时觉。[Wǒ shuì le yí gè xiǎoshí jiào]
  I slept for one hour.

"*yígè xiǎoshí* 一个小时" is a period of time which we have learned previously. We have to put the period of time after the verb. In "*shuìjiào* 睡觉", "*shuì* 睡" is a verb and "*jiào* 觉" is a noun. so we cannot say "*wǒ shuìjiào le yí gè xiǎoshí* 我睡觉了一个小时"

For example：
- 我昨天晚上睡得很好。[Wǒ zuótiān wǎnshang shuì de hěn hǎo]
  I slept well last night.
- 我每天很早睡觉。[Wǒ měitiān hěn zǎo shuìjiào]
  I sleep early everyday.

Great，let's look at some examples to practice what we learned today.

● 昨天的会开得怎么样？

[Zuótiān de huì kāi de zěnmeyàng]

How was yesterday's meeting?

● 你昨天晚上睡得好吗？

[Nǐ zuótiān wǎnshang shuì de hǎo ma]

Did you have good dream last night?

● 他每天都学习汉语。

[Tā měitiān dōu xuéxí Hànyǔ]

He studies Chinese every day.

● 每天早上我们都吃米饭。

[Měitiān zǎoshang wǒmen dōu chī mǐfàn]

We eat rice every morning.

● 他的手机没开机。

[Tā de shǒujī méi kāijī]

His phone is turned off.

● 他们每年都去北京。

[Tāmen měi nián dōu qù Běijīng]

They go to Beijing every year.

Great，so that wraps up today's lesson. Hope you have learned something. Download our app to access our Chinese lessons and learn Chinese anywhere，anytime with **ChineseAny**.

Word List

Main Vocabulary		
每[měi] every	开会[kāihuì] have meeting	睡觉[shuìjiào] to sleep
Additional Vocabulary		
开[kāi] to open, turn on, hold	会[huì] meeting	睡[shuì] to sleep
觉[jiào] sleeping	开机[kāijī] turn on (phone, computer)	

Notes

每[měi]

Subject + 每[měi] + measure word + 都[dōu] + verb + object

E. g. ① 我每天睡六个小时觉。[Wǒ měitiān shuì liù gè xiǎoshí jiào]

　　　Every day I sleep six hours.

　　② 他每天都给我打电话。[Tā měitiān dōu gěi wǒ dǎ diànhuà]

　　　He calls me every day.

　　③ 我每个都很喜欢。[Wǒ měi gè dōu hěn xǐhuan]

　　　I like everyone.

Quiz

I. Pronunciation.

1. Please choose the initials or finals you heard.

   1) A. niè   B. nèi

   2) A. sǐ   B. sì

   3) A. zuǐ   B. zuì

   4) A. zāng   B. zhuāng

2. Please choose the Pinyin you heard.

   1) A. měi tiān   B. méi tián

   2) A. kāi guì   B. kāihuì

   3) A. shuìjiào   B. shuǐjiǎo

   4) A. kāi jī   B. kāi qǐ

II. Form sentences.

1. zuótiān   de   kāi   zěnmeyàng   huì   de
    1   2   3   4   5   6

_____

2. tā   dōu   měi   Hànyǔ   xué   tiān
  1   2   3   4   5   6

_____

3. shuì   háizi   le   ma
   1   2   3   4

_____

4. měi gè   wǒmen   xǐhuan   rén   dōu   kāfēi   hē
   1   2   3   4   5   6   7

_____

III. Please translate the following sentences into Chinese.

1. Which floor will you have the meeting?

_____

2. What time do you go to bed everyday?

_____

3. My phone is closed every Sunday.

_____

4. That child does not sleep every evening.

_____

When I Was Young

Welcome to Level Four, Lesson Ten of our **ChineseAny** podcast series teaching Mandarin Chinese. Today we will learn three words: one adverb, one verb, and one conjunction. Let's look at them now.

The 1st adverb is "*gāng 刚*", "*gāng 刚*" is an adverb and it means "just now". We usually use it before the verb, to express that something happened short time ago. Although we use it in the past tense, we don't use "*le 了*".

刚
[gāng]
just adverb

For example:

- 我刚来上海。[Wǒ gāng lái Shànghǎi]
  I just came to Shanghai.
- 我刚知道他是法国人。[Wǒ gāng zhīdào tā shì Fǎguó rén]
  I just learned that he is from France.
- 你们刚开始吃饭吗? [Nǐmen gāng kāishǐ chī fàn ma]
  Did you just start eating?
- 电影刚开始, 你还有时间。[Diànyǐng gāng kāishǐ, nǐ háiyǒu shíjiān]
  The movie just started, you still have time.

OK, let's look at the 2nd word "... *de shíhou 的时候*" It's a conjunction which means "when ...".

……的时候
[... de shíhou]
when conjunction

Previously, we learned that "*shénme shíhou* 什么时候" is used when asking a special question. But "*... de shíhou* 的时候" is used when making a statement. You should put the phrase that describes the period of time before "*... de shíhou* 的时候", which is different from English.

For example：

- 我在上海的时候。［Wǒ zài Shànghǎi de shíhou］
  When I was in Shanghai.

- 我刚来中国的时候。［Wǒ gāng lái Zhōngguó de shíhou］
  When I just arrived to China.

- 我刚开始学习汉语的时候，我觉得很难。［Wǒ gāng kāishǐ xuéxí Hànyǔ de shíhou，wǒ juéde hěn nán］
  When I just started learning Chinese, I felt it was hard.

OK, let's look at today's last verb "*huílái* 回来". We learned it in Lesson Eight, but today we will learn something additional about it. Usually, you need to

回来
［huílái］
come back   verb

have a location after "*huílái* 回来" to express "to come back to some place". In Chinese, we need to put the location between "*huí* 回" and "*lái* 来" because "*huí* 回" is a verb and "*lái* 来" is just a particle that indicates the direction of "*huí* 回".

Let's see some examples,

回［huí］ + Place word + 来［lái］

- 回中国来。［huí Zhōngguó lái］
  Come back to China.

- 回我家来。［huí wǒ jiā lái］
  Come back to my home.

This should also be used for "*huíqù 回去*".

回[huí] + Place word + 去[qù]

- 回韩国去。[huí Hánguó qù]

  Go back to Korea.
- 回我的公司去。[huí wǒ de gōngsī qù]

  Go back to my office.
- 我们回家去吧。[Wǒmen huí jiā qù ba]

  Let's go back home.

Great, let's look at some examples to practice what we learned today.

- 开会的时候,你们不可以打电话。

  [Kāihuì de shíhou, nǐmen bù kěyǐ dǎ diànhuà]

  Don't make a phone call during the meeting.

- 回来的时候,请帮我买一些东西。

  [Huílai de shíhou, qǐng bāng wǒ mǎi yìxiē dōngxi]

  Please help me buy something when you come back.

- 他昨天回上海来了。

  [Tā zuótiān huí Shànghǎi lái le]

  He came back to Shanghai yesterday.

- 你什么时候回来?

  [Nǐ shénme shíhou huílai]

  When will you come back?

● 他刚回上海来的时候，不喜欢这里的天气。

[Tā gāng huí Shànghǎi lái de shíhou, bù xǐhuan zhèlǐ de tiānqì]

He didn't like the weather here when he just arrived in Shanghai.

● 我刚知道他已经回国了。

[Wǒ gāng zhīdào tā yǐjīng huí guó le]

I just knew that he had gone back to his country already.

Great, so that wraps up today's lesson. Hope you have learned something. Download our app to access our Chinese lessons. Remember, you can learn Chinese anywhere, anytime with **ChineseAny**.

Word List

Main Vocabulary		
刚[gāng] just	的时候[de shíhou] when/while	回来[huílai] to come back
Additional Vocabulary		
回去[huíqu] to go back		

Notes

……**的时候** [… de shíhou]-when：time statement sentence

Sentence + de shíhou + sentence.

Subject + gāng … deshíhou + sentence.

E. g. ① 吃饭的时候，请不要说话。

[Chī fàn de shíhòu, qǐng bú yào shuōhuà]

Please do not talk when you are eating.

② 在上海住的时候，我很喜欢吃水果。

[Zài Shànghǎi zhù de shíhòu, wǒ hěn xǐhuan chī shuǐguǒ]

I liked to eat fruit very much when I lived in Shanghai.

③ 刚开始的时候，我不喜欢喝咖啡。

[Gāng kāishǐ de shíhòu, wǒ bù xǐhuan hē kāfēi]

I did not like to drink coffee at the beginning time.

④ 那个孩子刚来的时候，不喜欢说话。

[Nà ge háizi gāng lái de shíhòu, bù xǐhuan shuōhuà]

That boy did not like talking when he just arrived.

Quiz

I. Pronunciation.

1. Please choose the initials or finals you heard.

   1) A. sǎn   B. shǎn

   2) A. liǎ   B. yǎ

   3) A. yǒu   B. yòu

   4) A. hào   B. hòu

2. Please choose the Pinyin you heard.

   1) A. shíhou   B. shìhòu

   2) A. gāngcái   B. gāng zài

   3) A. huílái   B. guīlái

   4) A. bú zuò   B. búcuò

II. Form sentences.

1. wǒ de   gāng   tā   míngzi   zhīdào
    1   2   3   4   5

_____

2. hěn   gāng   de shíhou   kāishǐ   wǒmen   hǎo
   1   2   3   4   5   6

_____

3. tāmen   shénme   huí   shíhou   lái
    1   2   3   4   5

_____

4. jǐ   huí   měitiān   nǐ   diǎn   jiā
  1   2   3   4   5   6

_____

III. Please translate the following sentences into Chinese.

1. They just came back.

_____

2. When I just came to Shanghai, I did not like to live here.

_____

3. I just knew where he lives.

_____

4. At the beginning time, I do not like to eat cold dish.

_____

Wear My Cloth

Welcome to Elementary Level Four, Lesson Eleven of our **ChineseAny** podcast series teaching Mandarin Chinese. Today we will learn four words: one measure word, one verb, and two nouns.

The 1st word is "*yīfu 衣服*". "*yīfu 衣服*" means "clothing". It can refer to the upper body or lower body clothing. Usually, we read it as "*yīfu 衣服*" with "*fu 服*" in the neutral tone.

衣服
[yīfu]
cloth   noun

For example:
- 这是我的衣服。[Zhè shì wǒ de yīfu]
  This is my clothing.
- 我喜欢你的衣服。[Wǒ xǐhuan nǐ de yīfu]
  I like your clothing.
- 你的衣服太大了。[Nǐ de yīfu tài dà le]
  Your clothing is too big.
- 她的衣服很漂亮。[Tā de yīfu hěn piàoliang]
  Her clothing is very beautiful.

The 2nd word is "*jiàn 件*", which is a measure word for "*yīfu 衣服*".
So one piece of clothing in Chinese

件
[jiàn]
a piece of   measure word

should be "*yí jiàn yīfu* 一件衣服".

For example：

- 这件衣服很好看。[Zhè jiàn yīfu hěn hǎokàn]
  This piece of clothing is very nice.

- 明天你和我去买那件衣服吧。
  [Míngtiān nǐ hé wǒ qù mǎi nà jiàn yīfu ba]
  Tomorrow you and I will go to buy that piece of clothing.

- 这件衣服多少钱？[Zhè jiàn yīfu duōshao qián]
  How much is this cloth?

- 我觉得这件衣服有点儿贵。[Wǒ juéde zhè jiàn yīfu yǒudiǎnr guì]
  I think this piece of clothes is a little expensive.

Great, let's look at the 3rd word, "*chuān* 穿". "*chuān* 穿" is a verb, which means "to wear". So "to wear clothes" in Chinese should be "*chuān yīfu* 穿衣服".

穿
[chuān]
to wear   verb

In English, you may use the verb "wear" for clothes or accessories such as a ring. But in Chinese, "*chuān* 穿" is only for **wearing clothes**. We will learn the proper term to say "wear a ring" in Chinese.

For example：

- 今天我穿了很多衣服。[Jīntiān wǒ chuān le hěn duō yīfu]
  I wore many clothes today.

- 请不要穿你弟弟的衣服。[Qǐng bú yào chuān nǐ dìdi de yīfu]
  Please don't wear your brother's clothes.

- 明天你想穿什么？[Míngtiān nǐ xiǎng chuān shénme]
  What do you want to wear tomorrow?

- 我穿这件大号的。[Wǒ chuān zhè jiàn dà hào de]
  I wear this large size one.

Great, the 4ᵗʰ word is "*yánsè 颜色*".
"*yánsè 颜色*" is a noun, which means
"color". You may say "*shénme yánsè 什么颜色*", what color, or "*yánsè hěn hǎokàn 颜色很好看*" the color is nice.

颜色
[yánsè]
color   noun

For example：

- 你喜欢什么颜色的衣服? [Nǐ xǐhuan shénme yánsè de yīfu]
  Which color of clothing do you like?

- 这本书的颜色很漂亮。[Zhè běn shū de yánsè hěn piàoliang]
  The color of this book is nice.

- 我和他都喜欢这个颜色。[Wǒ hé tā dōu xǐhuan zhè ge yánsè]
  He and I both like this color.

- 她不喜欢这件衣服的颜色。[Tā bù xǐhuan zhè jiàn yīfu de yánsè]
  She doesn't like the color of this dress.

Great，let's look at some examples to practice what we learned today.

- 他每天都穿这件衣服。
  [Tā měitiān dōu chuān zhè jiàn yīfu]
  He wears this piece of clothes everyday.

- 我觉得你穿这件衣服很好看。
  [Wǒ juéde nǐ chuān zhè jiàn yīfu hěn hǎokàn]
  I think it's nice for you to wear this.

● 你喜欢什么颜色？
  [Nǐ xǐhuan shénme yánsè]
  What color do you like?

● 你喜欢哪些颜色？
  [Nǐ xǐhuan nǎ xiē yánsè]
  Which colors do you like?

● 我女朋友喜欢买衣服。
  [Wǒ nǚ péngyou xǐhuan mǎi yīfu]
  My girlfriend likes to buy clothes.

● 每个人都喜欢穿漂亮的衣服。
  [Měi gè rén dōu xǐhuan chuān piàoliang de yīfu]
  Everyone likes to wear nice clothes.

Great，so that wraps up today's lesson. Hope you have learned something useful. Download our app to access our Chinese lessons. Remember you can learn Chinese anywhere，anytime with *ChineseAny*.

Word List

Main Vocabulary			
衣服[yīfu] cloth	件[jiàn] the measure word for the clothes	穿[chuān] to wear	颜色[yánsè] color

Notes

◇ **"得[de]"&"的[de]"**

Subject + verb + 得[de] + adjective

E. g. ① 你的汉字写得很好。[Nǐ de Hànzì xiě de hěn hǎo]

You write Chinese characters very well.

② 这个周末我过得很好。[Zhè ge zhōumò wǒ guò de hěn hǎo]

I had a good time on this weekend.

③ 他们吃得很快。[Tāmen chī de hěn kuài]

They ate quickly.

④ 他说得很慢。[Tā shuō de hěn màn]

He spoke very slowly.

◇ **Adjective + 的[de] + noun**

Pronoun + 的[de] + noun

E. g. ① 我不买贵的东西。[Wǒ bù mǎi guì de dōngxi]

I don't buy expensive things.

② 女孩子喜欢漂亮的衣服。[Nǚ háizi xǐhuan piàoliang de yīfu]

Girls like beautiful clothes.

③ 这是我的老师的电话号码。[Zhè shì wǒ de lǎoshī de diànhuà hàomǎ]

This is my teacher's telephone number.

④ 你的车的颜色很好看。[Nǐ de chē de yánsè hěn hǎokàn]

The color of your car is very nice.

Quiz

I. Pronunciation.

1. Please choose the initials or finals you heard.

1) A. sè   B. shè

2) A. chuān   B. chuāng

3) A. qiàn   B. jiàn

4) A. ěr   B. èr

2. Please choose the Pinyin you heard.

1) A. yánsè   B. liǎnsè

2) A. yí jiàn   B. yì qiān

3) A. chuáng shàng   B. chuān shàng

4) A. yīfu   B. xīfú

II. Form sentences.

1. <u>nǎ</u>   <u>nǐ</u>   <u>gè</u>   <u>xǐhuan</u>   <u>yánsè</u>
   1   2   3   4   5

_____

2. <u>měitiān</u>   <u>yīfu</u>   <u>tā</u>   <u>chuān</u>   <u>jiàn</u>   <u>dōu</u>   <u>zhè</u>
    1   2   3   4   5   6   7

_____

3. <u>tā</u>   <u>zěnmeyàng</u>   <u>zuò</u>   <u>fàn</u>   <u>de</u>
   1   2   3   4   5

_____

4. <u>jīntiān</u>   <u>nǐ</u>   <u>shénme</u>   <u>yīfu</u>   <u>chuān</u>   <u>xiǎng</u>
    1   2   3   4   5   6

_____

III. Please translate the following sentences into Chinese.

1. What color do you like?

_____

2. I bought two clothes yesterday.

_____

3. This is my teacher's book.

_____

4. You look very beautiful in this clothes.

_____

Color

Welcome to Elementary Level Four, Lesson Twelve of our *ChineseAny* podcast series teaching Mandarin Chinese. Today we will learn six color words.

First, let's look at a list of colors.

红色 [hóngsè]   蓝色 [lánsè]

绿色 [lǜsè]   白色 [báisè]

黑色 [hēisè]   黄色 [huángsè]

粉色 [fěnsè]   橙色 [chéngsè]

棕色 [zōngsè]

From the list, we can see 9 colors, which **6** of them will be the main words for today's lesson.

> character + "色"
>
> [sè]

The format for expressing colors is

color name + "*sè* 色". "*sè* 色" in Chinese means "color". The characters before "*sè* 色" are **ADJECTIVES**.

For example:

- "*hóngsè* 红色", "*hóng* 红" means "red".
- "*lǜsè* 绿色", "*lǜ* 绿" means "green".
- "*hēisè* 黑色", "*hēi* 黑" means "black or dark".
- "*lánsè* 蓝色", "*lán* 蓝" means "blue".

- "*báisè 白色*", "*bái 白*" means "white".
- "*huángsè 黄色*", "*huáng 黄*" means "yellow".

"*hóng 红*", "*lǜ 绿*", "*hēi 黑*", "*lán 蓝*", "*bái 白*", "*huáng 黄*" are **adjectives** in Chinese. You may use "*hěn 很*", "*bù 不*", "*tài ... le 太……了*" to describe the intensity of the color.

For example：

- 他喜欢那个白色的手机。[Tā xǐhuan nà ge báisè de shǒujī]
  He likes that white mobile phone.
- 那件黄色的衣服是谁的？[Nà jiàn huángsè de yīfu shì shuí de]
  Whose is that yellow dress?
- 这个房间太黑了。[Zhè ge fángjiān tài hēi le]
  This room is too dark.
- 他给我的苹果很红。[Tā gěi wǒ de píngguǒ hěn hóng]
  The apple he gave me is quite red.

We may use the color to describe nouns.

For example, red apple, in Chinese you may say "*hóng píngguǒ 红苹果*" or "*hóngsè de píngguǒ 红色的苹果*".

You may see that in the format, if you use the adjective alone, then you don't need to use "*de 的*". But if you use the noun "*hóngsè 红色*" to add to a noun, you need to say "*hóngsè de 红色的*".

For example：

- blue clothes, "*lán yīfu 蓝衣服*" and "*lánsè de yīfu 蓝色的衣服*"
- yellow building, "*huáng lóu 黄楼*" and "*huángsè de lóu 黄色的楼*"
- White rice, "*bái mǐfàn 白米饭*" and "*báisè de mǐfàn 白色的米饭*"

Great, let's use these color words to learn some new words.
Please try to say the following words in Chinese.

1. Red tea(black tea), 红茶 [hóngchá]
2. Red wine, 红酒 [hóngjiǔ]

3. Green tea，绿茶［lǜchá］

4.（Chinese）White wine，白酒［báijiǔ］（Alcohol）

5. White people，白人［báirén］

6. Black people，黑人［hēirén］

Notice that to say black tea in Chinese we don't say "*hēi chá 黑茶*".

Great，let's look at some examples to practice what we learned today.

● 我觉得黑色的衣服好看。
［Wǒ juéde hēisè de yīfu hǎokàn］
I think the black clothing is nice.

● 他买了很多白色的手机。
［Tā mǎi le hěn duō báisè de shǒujī］
He bought many white mobile phones.

● 那个穿蓝衣服的孩子是我的儿子。
［Nà ge chuān lán yīfu de háizi shì wǒ de érzi］
The boy in blue is my son.

● 你喜欢喝红酒还是白酒？
［Nǐ xǐhuan hē hóngjiǔ háishi báijiǔ］
Do you like to drink red wine or white wine?

● 朋友给了我很多绿茶。
［Péngyou gěi le wǒ hěn duō lǜchá］
My friend gave me a lot of green tea.

- Iphone 5 你喜欢黑的还是白的?
  [IPhone 5 nǐ xǐhuan hēi de háishi bái de]
  Which color do you like for Iphone 5, white or black?

Great, so that wraps up today's lesson. Hope you have learned something useful. Download our app to access our Chinese lessons. Remember, you can learn Chinese anywhere, anytime with **ChineseAny**.

Word List

Main Vocabulary		
红色[hóngsè] red	绿色[lǜsè] green	黄色[huángsè] yellow
蓝色[lánsè] blue	白色[báisè] white	黑色[hēisè] black/dark
Additional Vocabulary		
红[hóng] red	绿[lǜ] green	黄[huáng] yellow
蓝[lán] blue	白[bái] white	黑[hēi] black/dark
红茶[hóngchá] black tea	红酒[hóngjiǔ] red wine	绿茶[lǜchá] green tea
白酒[báijiǔ] (Chinese) white wine	白人[báirén] white people	黑人[hēirén] black people

Notes

颜色 [yánsè]

Color (noun) + 的 [de] + noun

Color (adjective) + Noun

E. g. ① 我喜欢那件蓝色的衣服。[Wǒ xǐhuan nà jiàn lánsè de yīfu]

I like that blue dress.

② 他想买黑色的电脑。[Tā xiǎng mǎi hēisè de diànnǎo]

He wants to buy a black computer.

③ 中国新年的时候，我们喜欢穿红衣服。

[Zhōngguó xīnnián de shíhou, wǒmen xǐhuan chuān hóng yīfu]

We like to wear red color clothes during the Chinese New Year

holidays.

④ 我朋友喜欢喝红酒。[Wǒ péngyou xǐhuan hē hóngjiǔ]

My friend likes to drink red wine.

Quiz

I. Pronunciation.

1. Please choose the initials or finals you heard.

1) A. jiù B. qiú

2) A. bǎi B. běi

3) A. kuā B. guā

4) A. yǐ B. yě

2. Please choose the Pinyin you heard.

1) A. báijiǔ B. páiqiú

2) A. nóngchá   B. hóngchá

3) A. shǒujī   B. shǒuqì

4) A. bànlǐ   B. bànlǚ

II. Form sentences.

1. hěn lánsè tā shǒujī xǐhuan de
  1   2   3   4   5   6

_____

2. nǐ hēide háishi báide mǎi
 1 2   3   4   5

_____

3. xǐhuan hē tā hóngchá bù
  1   2 3   4   5

_____

4. kěyǐ wǒ Zhōngguó hē de báijiǔ
  1   2   3   4 5   6

_____

III. Please translate the following sentences into Chinese.

1. I like white, red, and black.

_____

2. I think the black one is nice.

_____

3. Chinese people like drinking green tea.

_____

4. What liquor would you like, the red one, yellow one or white one?

_____

How Long Is It

Welcome to Elementary Level Four, Lesson Thirteen of our **ChineseAny** podcast series teaching Mandarin Chinese. Today we will learn three words: one adverb, one adjective, and one noun.

The 1st adverb is "*duō* 多". We leaned "*duō* 多" previously, which means "much or many". But in today's lesson we will study its other meaning, which is "how". Usually we use

多
[duō]
how   adverb

an adjective after "*duō* 多" to create a special question word like "how big, how long (time), how expensive, how cold" and so on.

For example:

- 那个房间多大? [Nà ge fángjiān duō dà]
  How big is that room?
- 上海今天多热? [Shànghǎi jīntiān duō rè]
  How hot is it in Shanghai today?
- 他走路多快? [Tā zǒu lù duō kuài]
  How fast dose he walk?
- 他的女朋友多高? [Tā de nǚ péngyou duō gāo]
  How tall is his girlfriend?

OK, let's look at the 2nd word, "*cháng* 长". "*cháng* 长" is an adjective which means "long".

长
[cháng]
long   adjective

You may use it for **time** and for **size**. You may say "very long time"
"*hěn cháng shíjiān 很长时间*", "How long" "*duō cháng shíjiān 多长时间? *"
Let's look at more examples：

- A：你在北京多长时间？[Nǐ zài Běijīng duō cháng shíjiān]
  How long will you be in Beijing?
  B：我在北京三天。[Wǒ zài Běijīng sān tiān]
  I will be in Beijing for 3 days.

- A：你来这儿很长时间了吗？[Nǐ lái zhèr hěn cháng shíjiān le ma]
  Have you been here for a long time?
  B：没有,我刚来。[Méiyǒu, wǒ gāng lái]
  No, I haven't. I just arrived.

- 我可以停多长时间？[Wǒ kěyǐ tíng duō cháng shíjiān]
  How long can I park?

- 我觉得这件衣服太长了。[Wǒ juéde zhè jiàn yīfu tài cháng le]
  I think this clothing is too long.

OK, let's look at the 3rd word "*fēnzhōng*
分钟", which means "minute". Previously
we learned "*fēn 分*" which also means
"minute". Now, let's look at the difference
between them. "*fēn 分*" has two meanings：
One means "**minute**", for time；another means "**cent**", for money.
"*fēnzhōng 分钟*" only means "minute".

分钟
[fēnzhōng]
minute   noun

For minute, we normally use "*fēn 分*" to express **the time point**,
but "*fēnzhōng 分钟*" to express **the time period**.

We use Time point **before** the verb, but
we use the Time period **after** the verb.

Time point + Verb
Verb + Time period

83

For example

- 我们两点十分回来。[Wǒmen liǎng diǎn shí fēn huílai]
  We will come back at 14:10.

- 我已经走了十分钟。[Wǒ yǐjīng zǒu le shí fēnzhōng]
  I have already walked for 10 minutes.

- 我在酒店坐了三十分钟。[Wǒ zài jiǔdiàn zuò le sānshí fēnzhōng]
  I have been seated in the hotel for 30 minutes.

- 我找了你十五分钟。[Wǒ zhǎo le nǐ shíwǔ fēnzhōng]
  I looked for you for 15 minutes.

Let's look at some examples to practice what we learned today.

- 你学习汉语多长时间了？
  [Nǐ xuéxí Hànyǔ duō cháng shíjiān le]
  How long have you studied Chinese?

- 你在上海住多长时间了？
  [Nǐ zài Shànghǎi zhù duō cháng shíjiān le]
  How long have you been in Shanghai?

- 你要去多长时间？
  [Nǐ yào qù duō cháng shíjiān]
  How long will you leave?

- 我要去二十五分钟。
  [Wǒ yào qù èrshíwǔ fēnzhōng]
  I will leave for 25 minutes.

Great, so that wraps up today's lesson. Hope you have learned something there. Download our app to access our Chinese lessons. Remember, you can learn Chinese anywhere, anytime with **ChineseAny**.

Word List

Main Vocabulary		
多 [duō] how/many, much	长 [cháng] long	分钟 [fēnzhōng] minute
Additional Vocabulary		
分 [fēn] minute; cent		

Notes

1. **多** [duō] **+ adj —— special question**

   E. g. ① 那个商店多大？[Nà ge shāngdiàn duō dà]

   How big is that shop?

   ② 你在这里住多长时间了？[Nǐ zài zhèlǐ zhù le duō cháng shíjiān]

   How long have you lived here?

   ③ 你们认识多长时间了？[Nǐmen rènshi duō cháng shíjiān le]

   How long have you known each other?

   ④ 哈尔滨有多冷？[Hā'ěrbīn yǒu duō lěng]

   How cold is it in Ha'erbin?

2. **分** [fēn] **& 分钟** [fēnzhōng]

   E. g. ① 我们八点十分上班。[Wǒmen bā diǎn shí fēn shàngbān]

   We went to work at ten past eight.

   ② 老师已经说了十分钟。[Lǎoshī yǐjīng shuō le shí fēnzhōng]

The teacher has already talked for ten minutes.

③ 我们还有三十分钟。[Wǒmen hái yǒu sānshí fēnzhōng]

We still have thirty minutes.

Quiz

I. Pronunciation.

  1. Please choose the initials or finals you heard.

    1) A. cháng   B. chǎng

    2) A. xiě   B. xié

    3) A. duō   B. tuō

    4) A. zhōng   B. zhòng

  2. Please choose the Pinyin you heard.

    1) A. fēnzhōng   B. fēngzhēng

    2) A. liǎng diǎn   B. liǎng tiān

    3) A. hùzhào   B. kūzào

    4) A. quézi   B. qiézi

II. Form sentences.

  1. yīfu   nà   ·duō   jiàn   cháng

      1   2   3   4   5

  2. xuéxí   nǐ   duō   le   shíjiān   cháng   Hànyǔ

      1   2   3   4   5   6   7

  3. shuì   nǐ   shíjiān   duō   měitiān   cháng

      1   2   3   4   5   6

4. zhè   mǎi   ge   duō   dōngxi   cháng   le   shíjiān
    1   2   3   4   5   6   7   8

_____

III. Please translate the following sentences into Chinese.

1. How long is the road?

_____

2. How long have you been living in Shanghai?

_____

3. He talked for ten minutes.

_____

4. How long have you been working?

_____

How Old Are You

Welcome to Elementary Level Four, Lesson Fourteen of our **ChineseAny** podcast series teaching Mandarin Chinese. Today we will learn three words: one adjective and two nouns.

The 1st adjective is "*dà* 大". We learned this character previously which means "big" in size. Today we will learn how to use it in the context of age which

大
[dà]
old/elder   adjective

gives it the meaning of "old, elder, or adult". Usually we use it with "*duō* 多" to ask the question "how old ...". You may also say "*dà rén* 大人" which means "adults". "*dà nǚ'ér* 大女儿" means "eldest daughter".

For example:

● (今年)你多大？ [(Jīnnián) nǐ duō dà]
How old are you (this year)?

● 你的孩子多大？ [Nǐ de háizi duō dà]
How old is your kid?

● 你已经是大人了。 [Nǐ yǐjīng shì dàrén le]
You are an adult already.

● 我大女儿明天回来。 [Wǒ dà nǚér míngtiān huílai]
My eldest daughter will come back tomorrow.

Great, let's look at the 2nd character of today's lesson, "suì 岁". "suì 岁" means "years old" and you may add **the number of years** before it. So when we ask how old **a kid or a teenager** is, it should be

A:"Nǐ jǐ suì 你几岁?" How old are you?
B:"Wǒ wǔ suì 我五岁。" I'm five.
C:"Wǒ shíwǔ suì 我十五岁。" I'm fifteen.

岁
[suì]
years old   noun

For example:

- 我儿子已经十岁了。[Wǒ érzi yǐjīng shí suì le]
  My son has been ten years old.

- 我已经四十岁了,这不是秘密。[Wǒ yǐjīng sìshí suì le, zhè bú shì mìmì]
  I'm 40 already, it's not a secret.

- 三岁的孩子可以不买车票。[Sān suì de háizi kěyǐ bù mǎi chēpiào]
  The 3-year kid doesn't need the ticket.

- 你的孩子几岁? [Nǐ de háizi jǐ suì]
  How old is your child?

Great, the 3rd vocabulary is "niánjì 年纪". "niánjì 年纪" means "age". It's a **noun**.

We use it **only** to ask **the age of older people** as this is a way of asking the age in a respectful way.

年纪
[niánjì]
age   noun

For example:

- "How old are you (elderly people)?" In Chinese is "Nín duō dà niánjì 您多大年纪?". Notice we change "nǐ 你" to "nín 您", and add "niánjì 年纪" after "duō dà 多大" to show politeness.

- 他爸爸和妈妈的年纪都不大。[Tā bàba hé māma de niánjì dōu bú dà]
  His father and mother are not old.
- 我不知道他们的年纪。[Wǒ bù zhīdào tāmen de niánjì]
  I don't know how old they are.

OK, let's summarize how to ask "How old are you" to different people in Chinese.

> For kids or teenagers,
>
> please use "*nǐ jǐ suì* 你几岁？"
> For adults,
>
> please use "*nǐ duō dà* 你多大？"
> For elderly people,
>
> please use "*nín duō dà niánjì* 您多大年纪？"

Great, let's look at some examples to practice what we learned today.

- 你爸爸多大年纪?
  [Nǐ bàba duō dà niánjì]
  How old is your father?

- 他六十五岁。
  [Tā liùshíwǔ suì]
  He is 65 years old.

- 她是我的大女儿。
  [Tā shì wǒ de dà nǚér]
  She is my eldest daughter.

- 我们是大人，不是孩子。
  [Wǒmen shì dàrén, bú shì háizi]
  We are adults, not children.

Great, so that wraps up today's lesson. Hope you have learned something there. Download our app to access our Chinese lessons. As always, you can learn Chinese anywhere, anytime with **ChineseAny**.

Word List

Main Vocabulary		
大[dà] old/elder	岁[suì] years old	年纪[niánjì] age
Additional Vocabulary		
大人[dàrén] adult people	大女儿[dà nǚ'ér] eldest daughter	

Notes

There are there ways to ask someone's age in Chinese.

A. 你几岁? [Nǐ jǐ suì]**is used to ask a child.**

B. 你多大? [Ní duō dà]**is used to ask an adult.**

C. 您多大年纪? [Nín duō dà niánjì]**is used to ask older people.**

E. g. ① 他的女儿八岁。[Tā de nǚ'ér bā suì]

His daughter is eight years old.

② 你的汉语老师多大? [Nǐ de Hànyǔ lǎoshī duō dà]

How old is your Chinese teacher?

③ 你朋友的爸爸多大年纪? [Nǐ péngyou de bàba duō dà niánjì]

How old is your friend's father?

Quiz

I. Pronunciation.

1. Please choose the initials or finals you heard.

  1) A. lǜ   B. nǚ

  2) A. dǎ   B. tǎ

  3) A. rén   B. rán

  4) A. jiē   B. jiè

2. Please choose the Pinyin you heard.

  1) A. bù mǎi   B. bù měi

  2) A. jiǎndān   B. biǎndàn

  3) A. niánjì   B. niánjí

  4) A. qīzi   B. qízǐ

II. Form sentences.

1. tā de   duō   háizi   le   dà
   1   2   3   4   5

2. nín   zhōngbēi   dàbēi   yào   háishi
   1   2   3   4   5

3. nà ge   guì   duō   jiǔdiàn   fángjiān   de
   1   2   3   4   5   6

4. nǚ'ér   shì   tā   wǒ   dà   de
   1   2   3   4   5   6

III. Please translate the following sentences into Chinese.

1. How old are you?

_____

2. How old is your father?

_____

3. My daughter is 25 years old.

_____

4. Hello everybody, I am your Chinese teacher.

_____

It's Far from Here

Welcome to Elementary Level Four, Lesson Fifteen of our **ChineseAny** podcast series teaching Mandarin Chinese. Today we will learn three words: one adjective, one conjunction, and one noun. Let's look at them now.

The 1st adjective is "*yuǎn* 远". "*yuǎn* 远" means "far". As an adjective, you may say "very far", "*hěn yuǎn* 很远" or "not far", "*bù yuǎn* 不远".

> 远
> [yuǎn]
> far   adjective

For example,

- A：他的家远吗? [Tā de jiā yuǎn ma]

  Is his home far?

  B：他的家很远。[Tā de jiā hěn yuǎn]

  Yes, his home is very far.

- A：你觉得你朋友的公司远不远? [Nǐ juéde nǐ péngyou de gōngsī yuǎn bu yuǎn]

  Do you think your friend's company is far?

  B：我觉得不远。[Wǒ juéde bù yuǎn]

  I think it's not far.

We learned how big, how old "*duōdà* 多大"; how long "*duōcháng* 多长"; how cold "*duōlěng* 多冷". So you may also say "*duō yuǎn* 多

远" to ask "how far is it".

For example,

- A：你的家多远？［Nǐ de jiā duō yuǎn］

  How far is your home?

  B：不远，我的家在火车站附近。［Bù yuǎn, wǒ de jiā zài huǒchē zhàn fùjìn］

  Not far, my home is near the railway station.

- A：你知道多远吗？［Nǐ zhīdào duō yuán ma］

  Do you know how far is it?

  B：我不知道多远。［Wǒ bù zhīdào duō yuǎn］

  I don't know how far it is.

OK, let's look at the 2nd vocabulary words, "*cóng . . . dào . . . 从……到……*". "*cóng . . . dào . . . 从……到……*" means from . . . to . . . . Usually the format is "from A to B" where A and B can be time or place.

> 从……到……
> ［cóng . . . dào . . .］
> From . . . to . . .
> conjunction

For time, it would be "*cóng 从*Time1*dào 到*Time2".

For example,

- 我从星期一到星期五都很忙。［Wǒ cóng xīngqīyī dào xīngqīwǔ dōu hěn máng］

  I am busy from Monday to Friday.

- 我明天从八点到十二点都在办公室。［Wǒ míngtiān cóng bā diǎn dào shíèr diǎn dōu zài bàngōngshì］

  I will be in the office from 8：00 a. m. to 12：00 p. m. tomorrow.

- 我从四月到十二月都在上海。［Wǒ cóng sì yuè dào shíèr yuè dōu zài Shànghǎi］

  I will be in Shanghai from April to December.

You may encounter the format, " 从 *cóng Time1* 到 *dào Time2* + 都 *dōu* +*Verb* ", "*dōu* 都" translates to the entire time. So the entire sentence would translate to "from Time1 to Time2 doing Verb the entire time".

For places, that would be "*cóng* 从 Place1 *dào* 到 Place2"
For example,

- 从北京到上海多远？［Cóng Běijīng dào Shànghǎi duō yuǎn］
  How far is it from Beijing to Shanghai?
- 从你的家到地铁站多远？［Cóng nǐ de jiā dào dìtiě zhàn duō yuǎn］
  How far is it from your home to the subway station?
- 从我家到公司要半个小时。［Cóng wǒ jiā dào gōngsī yào bàn gè xiǎoshí］
  It costs half an hour from my home to my company.

"*dào* 到" also can be used as a verb which means "arrive".
You may put a LOCATION after it to indicate that you've arrived at or in some place.
For example,

- 我到家了。［Wǒ dào jiā le］
  I arrived home.
- 你到办公室了吗？［Nǐ dào bàngōngshì le ma］
  Did you arrive at office?
- 他已经到那里了。［Tā yǐjīng dào nàlǐ le］
  He has already arrived there.

Now, let's move on to the 3rd character,
"mǐ 米". "mǐ 米" means "meters". You may
add the quantity before it.

| 米 |
| [mǐ] |
| meter   noun |

For example：

"3 meters", "sān mǐ 三米"

"100 meters", "yì bǎi mǐ 一百米".

So "one kilometer" would be "yì qiān mǐ 千米".

Let's see some sentences,

- 师傅,前边 100 米请左拐。[Shīfu, qiánbian yì bǎi mǐ qǐng zuǒ guǎi]
  Sir, please turn left 100 meters ahead.

- 前边 200 米有一个车站。[Qiánbian èrbǎi mǐ yǒu yí gè chēzhàn]
  There is a station 200 meters ahead.

- 昨天晚上我走了两千米。[Zuótiān wǎnshang wǒ zǒu le liǎng qiān mǐ]
  I walked 2,000 meters last night.

Great, hope that's clear！ Now, let's look at some examples to
practice what we have learned today.

- 从上海到北京 1 200 千米。
  [Cóng Shànghǎi dào Běijīng yì qiān èi bǎi qiānmǐ]
  There are 1,200 kilometers from Shanghai to Beijing.

- 我们从早上九点到晚上五点工作。
  [Wǒmen cóng zǎoshang jiǔ diǎn dào wǎnshang wǔ diǎn gōngzuò]
  We work from 9:00 a.m. to 5:00 p.m.

● 你几点可以到这里？

[Nǐ jǐ diǎn kěyǐ dào zhèlǐ]

When will you arrive here?

● 从你家到这里多远？

[Cóng nǐ jiā dào zhèlǐ duō yuǎn]

How far is it from your home to here?

Great, so that wraps up today's lesson. I hope you have learned something. Download our app to access our Chinese lessons. Remember, you can learn Chinese anywhere, anytime with **ChineseAny**.

Word List

Main Vocabulary		
远[yuǎn] far	从……到……[cóng . . . dào . . .] from . . . to . . .	米[mǐ] meter
Additional Vocabulary		
到[dào] to arrive	百米[bǎimǐ] hundred meter	千米[qiānmǐ] thousand meter

Notes

The special question——多远 [duō yuǎn]

Place + **多远**[duō yuǎn]?

从[cóng] + **place1** + **到**[dào] + **place2** + **多远**[duō yuǎn]?

E. g.　① 那个饭店多远?［Nà ge fàndiàn duō yuǎn］

How far is that restaurant?

② 你知道他们公司多远吗?［Nǐ zhīdào tāmen gōngsī duō yuǎn ma］

Do you know how far their company is?

③ 从这里到火车站多远?［Cóng zhèlǐ dào huǒchē zhàn duō yuǎn］

How far is it from here to the railway station?

④ 从你家到浦东机场多远?［Cóng nǐ jiā dào Pǔdōng jīchǎng duō yuǎn］

How far is it from your home to Pudong airport?

Quiz

I. Pronunciation.

1. Please choose the initials or finals you heard.

1) A. gǔ   B. lǔ

2) A. liáng   B. láng

3) A. pàng   B. pàn

4) A. lǔxíng   B. lùyǐng

2. Please choose the Pinyin you heard.

1) A. yuǎnfāng   B. yuànfāng

2) A. cóng dào   B. chōng dào

3) A. bǎi mǐ   B. bǎi lǐ

4) A. yuǎnjìn   B. yuǎnjǐng

II. Form sentences.

1. Běijīng   yuǎn   dào   hěn   Shēnzhèn
     1   2   3   4   5

_____

2. <u>wǒ</u>   <u>shàng</u>   <u>diǎn</u>   <u>kāishǐ</u>   <u>Hànyǔ</u>   <u>bā</u>   <u>kè</u>
   1   2   3   4   5   6   7

3. <u>gōngsī</u>   <u>de</u>   <u>duō</u>   <u>yuǎn</u>   <u>tāmen</u>
   1   2   3   4   5

4. <u>fēnzhōng</u>   <u>cóng</u>   <u>bàngōngshì</u>   <u>zǒulù</u>   <u>wǒ</u>   <u>jiā</u>   <u>dào</u>   <u>shí</u>
   1   2   3   4   5   6   7   8

III. Please translate the following sentences into Chinese.

1. Our lunch time is from twelve o'clock to two o'clock.

2. We work from Monday to Friday.

3. It is very far from my home to my company.

4. How many meters from here to there?

How Tall You Are

Welcome to Elementary Level Four, Lesson Sixteen of our **ChineseAny** podcast series teaching Mandarin Chinese. Today we will learn three adjectives. Let's look at them now.

The 1ˢᵗ one is "*jìn* 近". "*jìn* 近" means "close, near". It's the antonym of "*yuǎn* 远". Therefore, "*bù yuǎn* 不远" means "*hěn jìn* 很近". "*bú jìn* 不近" means "*hěn yuǎn* 很远".

近
[jìn]
close/near   adjective

For example,

- 从我的家到我的办公室很近。[Cóng wǒ de jiā dào wǒ de bàngōngshì hěn jìn]
  It's not far from my home to my office.

- 我们去近一点儿的饭店吃饭吧。[Wǒmen qù jìn yìdiǎnr de fàndiàn chīfàn ba]
  Let's go to a closer restaurant to eat.

- 那儿很近,我们可以走路去。[Nàr hěn jìn, wǒmen kěyǐ zǒu lù qù]
  It is quite close, we may walk there.

- 我的家不远也不近。[Wǒ de jiā bù yuǎn yě bú jìn]
  My home is not far, also not closed.

OK, let's look at the 2nd adjective, "*zhòng*
重". "*zhòng* 重" means "heavy". We use it to
express the weight of somebody or something.
You may ask "... *duō zhòng* 多重", how
heavy or how much weight something or somebody weighs. Also, you
may say "... *hěn zhòng* 很重".

重
[zhòng]
heavy   adjective

OK, let's look at some examples,
- A：你多重？[Nǐ duō zhòng]
  How heavy are you?
  B：我 120 斤。[Wǒ yì bǎi èrshí jīn]
  I'm 60 kilograms.
- 书太重了,请慢一点儿走。[Shū tài zhòng le, qǐng màn yìdiǎnr zǒu]
  The books are too heavy, please walk more slowly.
- 1980 年的时候,电脑都很重。[Yījiǔbālíng nián de shíhou, diànnǎo
  dōu hěn zhòng]
  The computers were very heavy in the 1980's.

The 3rd vocabulary is an adjective, "*gāo*
高". "*gāo* 高" means "tall or high". It's the
same character as the one used in "*gāoxìng* 高
兴", glad. You may use it to describe a person
or a building.

高
[gāo]
tall/high   adjective

For example,
- 姚明很高。[Yáomíng hěn gāo]
  Yaoming is very tall.
- A：那个很高的女孩儿是谁？[Nà ge hěn gāo de nǚháir shì shuí]
  Who is that tall girl?

B：她是我的女朋友。[Tā shì wǒ de nǔ péngyou]
She is my girlfriend.

● 上海有很多高楼。[Shànghǎi yǒu hěn duō gāo lóu]
There are many high buildings in Shanghai.

● 这个小朋友太高了。[Zhè ge xiǎo péngyou tài gāo le]
This kid is too tall.

Now, let's look at some examples to practice what we learned today.

● 我家很近，从这儿走路五分钟。
[Wǒ jiā hěn jìn, cóng zhèr zǒu lù wǔ fènzhōng]
My home is not far, it's five minutes from here by walking.

● 我男朋友一米八三。
[Wǒ nán péngyou yì mǐ bā sān]
My boyfriend is 1.83 meters.

● 她不重，100斤。
[Tā bú zhòng, yì bǎi jīn]
She is not heavy, just 50 kg.

● 上海的楼都很高。
[Shànghǎi de lóu dōu hěn gāo]
The buildings in Shanghai are all very high.

Great, so that wraps up today's lesson. I hope you have learned something. Download our app to access our Chinese lessons. Remember, you can learn Chinese anywhere, anytime with *ChineseAny*.

Word List

Main Vocabulary		
近[jìn] near	重[zhòng] heavy	高[gāo] high/tall

Notes

The special question —— 多重[duō zhòng]/**多高**[duō gāo]

Person/thing + 多重[duō zhòng]/**多高**[duō gāo]

E. g. ① 女的不喜欢人问"你多重?"。[Nǚ de bù xǐhuan rén wèn "nǐ duō zhòng"]

The women do not like people to ask "how heavy are you?".

② 你们公司的大楼多高? [Nǐmen gōngsī de dàlóu duō gāo]

How high is your company's building?

③ 她的男朋友多高? [Tā de nán péngyou duō gāo]

How tall is her boy-friend?

④ 这个包多重? [Zhè ge bāo duō zhòng]

How heavy is this bag?

Quiz

I. Pronunciation.

  1. Please choose the initials or finals you heard.

    1) A. zuì   B. cuì

2) A. qiào   B. jiào

3) A. liè   B. liě

4) A. fó   B. fǒu

2. Please choose the Pinyin you heard.

1) A. bùjǐn   B. bújìn

2) A. gāo ǎi   B. gāo dī

3) A. zhòngyào   B. zhōngyào

4) A. zhòngxīn   B. zhōngxīn

II. Form sentences.

1. nǐ   ma   tā   gāo   juéde
    1   2   3   4   5

_____

2. bāo   yǒu   zhège   zhòng   yìdiǎn
    1   2   3   4   5

_____

3. nǐ   jìn   ma   kěyǐ   yìdiǎn
    1   2   3   4   5

_____

4. kěyǐ   fēijī   gāo   fēi   duō
    1   2   3   4   5

_____

III. Please translate the following sentences into Chinese.

1. I do not like that they ask me how heavy I am.

_____

2. That child is not too heavy.

_____

3. I do not want to live in high building.

_____

4. It's closed there, we can go there on foot.

_____

Long Time No See

Welcome to Elementary Level Four, Lesson Seventeen of our **ChineseAny** podcast series teaching Mandarin Chinese. Today we will learn three words: one adjective, one measure word, and one preposition. Let's look at them now.

The 1ˢᵗ adjective is "*jiǔ* 久". "*jiǔ* 久" means "long time". Very long time in Chinese is "*hěn jiǔ* 很久". Previously, we learned "long time" could be "*cháng shíjiān*

久
[jiǔ]
long time   adjective

长时间". Therefore "*jiǔ* 久" has the same meaning as "*cháng shíjiān* 长时间", So you may also say:

"It's too long (time)." which in Chinese would be "*tài jiǔ le* 太久了"; "How long (time)?" in Chinese would be "*duō jiǔ* 多久? "

OK, let's form some sentences.
- 你来上海(已经)多久了? [Nǐ lái Shànghǎi (yǐjīng) duō jiǔ le]
  How long have you been in Shanghai (already)?
  In this sentence, "*le* 了" is part of the format " (*yǐjīng*) ... *le* 已经……了".
  It means "already". Normally, "*yǐjīng* 已经" could be omitted.
- 我认识他很久了。[Wǒ rènshi tā hěn jiǔ le]
  I have known him for a long time.

- 我们走了很久，但是还没到。[Wǒmen zǒu le hěn jiǔ, dànshì hái méi dào]

  We walked for a long time, but haven't arrived yet.

Great, let's learn one more greeting, "long time no see". "*hǎo jiǔ bú jiàn* 好久不见！" is a Chinese greeting. "*hǎo* 好" here means "very". Of course, you may also say "*hěn jiǔ bú jiàn* 很久不见". When Chinese people say "*hǎo jiǔ bú jiàn* 好久不见！" to you, you may give the same reply.

The 2nd vocabulary is a measure word, "*cì* 次". "*cì* 次" means times: once, twice. So "*yí cì* 一次" is once, "*liǎng cì* 两次" means twice. Usually we use it after the verb to indicate "to do something how many times".

次
[cì]
time(s)　measure word

For example,

- 我去了两次。[Wǒ qù le liǎng cì]

  I went (there) twice.

- 他问了三次。[Tā wèn le sān cì]

  He asked three times.

- 我们见了四次。[Wǒmen jiàn le sì cì]

  We met four times.

But if the verb is composed of **Verb + Noun**, we need to put the word "times" between the verb and the noun.

For example,

- go to Korea, "*qù Hánguó* 去韩国". "*qù* 去" is verb, "*Hánguó* 韩国" is noun.

- watch a movie, "*kàn diànyǐng* 看电影". "*kàn* 看" is verb, "*diànyǐng* 电影" is noun.
- study Chinese, "*xuéxí Hànyǔ* 学习汉语". "*xuéxí* 学习" is verb, "*Hànyǔ* 汉语" is noun.

So
- "went to Korea twice" is "*qù le liǎng cì Hánguó* 去了两次韩国"
  - "watched the movie twice" is "*kàn le liǎng cì diànyǐng* 看两次电影"
  - "study Chinese twice" is "*xuéxí liǎng cì Hànyǔ* 学习两次汉语"

Great, let's look at some sentences,

- 你多久看一次电影？[Nǐ duō jiǔ kàn yí cì diànyǐng]
  How often do you watch movies?
- 你一个星期学习几次汉语？[Nǐ yí ge xīngqī xuéxí jǐ cì Hànyǔ]
  How many times do you study Chinese in one week?
- 我一个星期做两次饭。[Wǒ yí gè xīngqī zuò liǎng cì fàn]
  I cook two times in one week.
- 我上个星期给他打了很多次电话。[Wǒ shàng ge xīngqī gěi tā dǎ le hěn duō cì diànhuà]
  I called him many times last week.

The 3rd vocabulary is a preposition, "*lí* 离". "*lí* 离" is a preposition, which means "away from". The format is "*Place1 + lí* 离 *+ Place2 + Jìn* 近/*yuǎn* 远".

离
[lí]
away from   preposition

For example,

- 我家离机场不远。[Wǒ jiā lí jīchǎng bù yuǎn]
  My home is not far away from the airport.
- 这儿离地铁站很近。[Zhèr lí dìtiě zhàn hěn jìn]
  It is close from here to the subway station.

- 你的公司离机场远吗？ [Nǐ de gōngsī lí jīchǎng yuǎn ma]
  Is it far from your company to the airport?
- 请离我远一点儿。 [Qǐng lí wǒ yuǎn yì diǎnr]
  Please leave me alone.

Great，let's look at some examples to practice what we learned today.

- 你多久回一次北京？
  [Nǐ duō jiǔ huí yí cì Běijīng]
  How often do you return to Beijing?

- 她多久买一次衣服？
  [Tā duō jiǔ mǎi yí cì yīfu]
  How often does she go shopping?

- 你们多久开一次会？
  [Nǐmen duō jiǔ kāi yí cì huì]
  How often do you have meeting?

- 你多久喝一次白酒？
  [Nǐ duō jiǔ hē yí cì báijiǔ]
  How often do you drink Chinese wine?

- 我的家离公司不近。
  [Wǒ de jiā lí gōngsī bú jìn]
  My home is not near to my office.

- 中国离美国很远。
  [Zhōngguó lí Měiguó hěn yuǎn]
  China is far away from America.

- 她男朋友一个星期去两次火车站。
  [Tā nánpéngyou yí gè xīngqī qù liǎng cì huǒchē zhàn]
  Her boyfriend goes to the railway station twice a week.

Great，so that wraps up today's lesson．Hope you have learned something．Download our app to access our Chinese lessons．Remember，you can learn Chinese anywhere，anytime with **ChineseAny**．

Word List

Main Vocabulary		
久 [jiǔ] long time	次 [cì] time (s)	离 [lí] away from

Notes

1. The special question —— 多久 [duō jiǔ]

◇ duō jiǔ **多久** = duō cháng shíjiān **多长时间**

E. g. ① 你来中国多久了(多长时间了)?

[Nǐ lái zhōngguó duō jiǔ le (duō cháng shíjiān le)]

How long have you been in China?

② 你在这里住多久了(多长时间了)?

[Nǐ zài zhèlǐ zhù duō jiǔ le (duō cháng shíjiān le)]

How long have you lived here?

◇ duō jiǔ **多久** + **verb** + yí cì **一次** + **noun**

E. g. ① 你们多久见一次? [Nǐmen duō jiǔ jiàn yí cì]

How often do you meet?

② 你多久买一次衣服? [Nǐ duō jiǔ mǎi yí cì yīfu]

How often do you buy clothes?

2. Place1 + lí 离 Place2 + Jìn 近/yuǎn 远

E. g. ① 上海离北京不太远。[Shànghǎi lí Běijīng bú tài yuǎn]

Shanghai is not too far away from Beijing.

② 我家离公司很远。[Wǒ jiā lí gōngsī hěn yuǎn]

My home is very far away from my company.

③ 火车站离机场远吗？[Huǒchē zhàn lí jīchǎng yuǎn ma]

Is it far away from the railway station to the airport?

Quiz

I. Pronunciation.

1. Please choose the initials or finals you heard.

1) A. biāo   B. diāo

2) A. wǔ   B. yǔ

3) A. tǐng   B. dǐng

4) A. pèng   B. bèng

2. Please choose the Pinyin you heard.

1) A. duō jiǔ   B. duō jiù

2) A. liàngcí   B. liǎngcì

3) A. líhūn   B. lǐlùn

4) A. cìshù   B. zìshù

II. Form sentences.

1. lái   nǐ   Zhōngguó   jiǔ   le   duō
    1   2   3   4   5   6

2. lí   Hángzhōu   bú   tài   Shànghǎi   yuǎn
    1   2   3   4   5   6

3. nàlǐ   yuǎn   zhèlǐ   lí   ma
    1   2   3   4   5

4. <u>tāmen</u>　　<u>shuō</u>　<u>jiŭ</u>　<u>yí</u>　<u>cì</u>　<u>duō</u>　<u>Hànyŭ</u>
　　　1　　　　2　　　3　　4　　5　　6　　　7

_____

III. Please translate the following sentences into Chinese.

1. How often do you go back to Beijing?

_____

2. How far is your home from here?

_____

3. How often do you go to Hong Kong for shopping?

_____

4. Denmark is very far away from Shanghai.

_____

Let's Start Our Lesson

Welcome to Elementary Level Four, Lesson Eighteen of our **ChineseAny** podcast series teaching Mandarin Chinese. Today we will learn three words: one noun and two verbs. Let's look them now.

The 1ˢᵗ vocabulary word is "*gōnggòng qìchē 公共汽车*". "*gōnggòng qìchē 公共汽车*" means "bus". "*gōnggòng 公共*" means "public". "*qìchē 汽车*" means "motor car".

公共汽车
[gōnggòng qìchē]
bus noun

You may also simply say "*gōngchē 公车*". To say "take the bus" in Chinese is "*zuò gōngchē 坐公车*". To identify the bus number we need to use "*lù 路*".

For example:

No. + 路 + 公车
[lù] [gōngchē]
number bus

- "Bus No. 5" would be called "*wǔ lù gōngchē 五路公车*"
- To ask "Which bus", we should say "*jǐ lù gōngchē 几路公车*"
- 我每天坐公共汽车去上班。[Wǒ měitiān zuò gōnggòng qìchē qù shàng bān]
  I go to work by bus everyday.

Great，let's look at the following paragraphs to review what we have learned so far.

- 我家附近有一个很大的公车站。[Wǒ jiā fùjìn yǒu yí gè hěn dà de gōngchē zhàn]

  There is a big bus station near my home.

- 那里有很多公车。[Nàlǐ yǒu hěn duō gōngchē]

  There are many buses there.

- 我每天坐961路公车去办公室。[Wǒ měitiān zuò jiǔliùyāo lù gōngchē qù bàngōngshì]

  I take bus No.961 to the office every day.

- 晚上我坐58路公车回家。[Wǎnshang wǒ zuò wǔshíbā lù gōngchē huíjiā]

  I take bus No.58 to go home in the evening.

Today's 2nd vocabulary word, "*shàng kè* 上课" Previously, we learned that "*shàng* 上" as a preposition means "on or up". But in today's lesson, "*shàng* 上" is a verb,

上课
[shàng kè]
to take/have class   verb

which means "to take, to get, to start …". "*kè* 课" is a noun, which means "class, lesson, or course". So "*shàng kè* 上课" means "to take a class or have a class".

For example：

- 上汉语课[shàng Hànyǔ kè]

  Have a Chinese lesson.

- 上英语课[shàng Yīngyǔ kè]

  Have an English lesson.

- 我今天不去上汉语课。[Wǒ jīntiān bú qù shàng Hànyǔ kè]

  I am not going to have a Chinese lesson today.

● 你几点上课？［Nǐ jǐ diǎn shàng kè］

What time do you have class?

Please pay attention to this. "*shàng kè* 上课" is already a verb. You may **NOT** say "*yǒu shàngkè* 有上课", since "*yǒu* 有" and "*shàng* 上" are both verbs, and in Chinese, usually you cannot use two verbs together.

The 3rd vocabulary is a verb, "*xiàyǔ* 下雨" As the antonym of "*shàng* 上", "*xià* 下" is also a verb which means to "fall down or to finish". "*yǔ* 雨" means "rain" and it is a

下雨
［xiàyǔ］
to rain   verb

noun. So "rain heavily" in Chinese should be "*xià dà yǔ* 下大雨", but not "*xià zhòng yǔ* 下重雨" since "*zhòng* 重" is only for weight.

For example：

● 今天没下雨。［Jīntiān méi xiàyǔ］

There is no rain today.

● 明天下雨吗？［Míngtiān xiàyǔ ma］

Is it going to rain tomorrow?

● 这个周末下了很大的雨。［Zhè ge zhōumò xià le hěn dà de yǔ］

It is raining heavily this weekend.

Great，let's learn something more.

● "*gōnggòng* 公共" means "public", so public phone is "*gōnggòng diànhuà* 公共电话".

● "*xià* 下" is the antonym of "*shàng* 上", So the opposite of "*shàng kè* 上课" is "*xià kè* 下课", which means "finish the class or the class is over".

Great, let's look at some examples to practice what we learned today.

● 上海多久下一次雨？
[Shànghǎi duō jiǔ xià yí cì yǔ]
How often does it rain in Shanghai?

● 你们几点下课？
[Nǐmen jǐ diǎn xià kè]
What time will you finish the lesson?

● 这里没有公共电话。
[Zhèlǐ méiyǒu gōnggòng diànhuà]
There is no public phone here.

● 今天的雨很大。
[Jīntiān de yǔ hěn dà]
Today's rain is heavy.

Great, so that wraps up today's lesson. Today is the last lesson of Level Four. I hope you have learned something. Now that you have completed this level, please be sure to check out our practice library to test your comprehension in this level. Download our app to access our Chinese lessons. Remember you can learn Chinese anywhere, anytime with **ChineseAny**.

Word List

Main Vocabulary		
公共汽车[gōnggòng qìchē] bus	上课[shàng kè] to have class	下雨[xiàyǔ] to rain
Additional Vocabulary		
公车[gōng chē] bus	上[shàng] to take/attend	课[kè] lesson/course
下[xià] to fall down/finish	雨[yǔ] rain	

Notes

verb-object construction：

Verb + （le） + measure word/description word + noun

E. g. ① 我每天上汉语课。[Wǒ měitiān shàng Hànyǔ kè]

I have Chinese class everyday.

② 昨天我学习了很长时间。[Zuótiān wǒ xuéxí le hěn cháng shíjiān]

I have studied for long time yesterday.

③ 他每个月看一次电影。[Tā měi gè yuè kàn yí cì diànyǐng]

He watches movie once a month.

④ 昨天下了很大的雨。[Zuótiān xià le hěn dà de yǔ]

It rained heavily yesterday.

Quiz

I. Pronunciation.

1. Please choose the initials or finals you heard.

   1) A. shuí　　　　　　　　B. chuí

   2) A. lèi　　　　　　　　　B. nèi

   3) A. zì　　　　　　　　　B. cì

   4) A. jiǎo　　　　　　　　B. zhǎo

2. Please choose the Pinyin you heard.

   1) A. gōngchē　　　　　　B. gōngzuò

   2) A. shàngkè　　　　　　B. shāngkè

   3) A. xiàyǔ　　　　　　　B. jiàyù

   4) A. qīngzhòng　　　　　B. tīngzhòng

II. Form sentences.

1. zuò   wǒ   xǐhuan   gōnggòng qìchē
    1   2   3   4

2. jiǔ   Shànghǎi   xià   yí   duō   cì   yǔ
    1   2   3   4   5   6   7

3. jīntiān   dà   yǔ   hěn   de
    1   2   3   4   5

4. méi   gōnggòng   zhèlǐ   yǒu   diànhuà
    1   2   3   4   5

III. Please translate the following sentences into Chinese.

1. Which bus do you like to take?

2. How often do you drink alcohol?

3. He wants to buy a car.

4. Now we have mobile phone, we do not need public telephone.

五

级

Because ... So ...

Welcome to Elementary Level Five, Lesson One of our **ChineseAny** podcast series teaching Mandarin Chinese. Today we will learn three words: one special question word and two conjunctions. Let's look at them now.

The 1ˢᵗ special question word is "*wèi shénme* 为什么". Previously we learned that "*shénme* 什么" means "what".
"*wèi* 为" means "in order to or for ...",

为什么
[wèi shénme]
why   special question word

So "for what" or "why" in Chinese is "*wèi shénme* 为什么".
We usually use it after the subject in a Chinese sentence.
For example:

- 你为什么来中国? [Nǐ wèi shénme lái Zhōngguó]
  Why did you come to China?
- 你为什么学习汉语? [Nǐ wèi shénme xuéxí Hànyǔ]
  Why do you study Chinese?

To ask "why not", you would say "*wèi shénme bù (bú)* 为什么不" + the verb. In the past tense, you would say "*wèi shénme méi* 为什么没", which means "why didn't".
For example:

- 你为什么不吃午饭? [Nǐ wèi shénme bù chī wǔfàn]

Why aren't you having lunch?

- 你为什么没告诉我？［Nǐ wèi shénme méi gàosu wǒ］
  Why didn't you tell me?

Great, now let's move on to the 2nd vocabulary, "*yīnwèi 因为*". "*yīnwèi 因为*" means "because or because of . . .". We usually use it to answer a question asked by "*wèi shénme 为什么*".

因为
[yīnwèi]
why   conjunction

For example：

- A：你为什么不坐飞机？［Nǐ wèi shénme bú zuò fēijī］
  Why don't you take an airplane?
- B：因为我没有很多钱。［Yīnwèi wǒ méiyǒu hěn duō qián］
  Because I don't have enough money.
- A：你为什么不回家休息？［Nǐ wèi shénme bù huíjiā xiūxi］
  Why don't you go home to rest?
- B：因为我还有很多工作。［Yīnwèi wǒ hái yǒu hěn duō gōngzuò］
  Because I still have a lot of work to do.
- A：你昨天为什么没来？［Nǐ zuótiān wèi shénme méi lái］
  Why didn't you come yesterday?
- B：因为我昨天太忙了。［Yīnwèi wǒ zuótiān tài máng le］
  Because I was very busy yesterday.

OK, let's look at the last vocabulary word, "*suǒyǐ 所以*". "*suǒyǐ 所以*" means "so, then".

所以
[suǒyǐ]
so, then   conjunction

We usually use "*suǒyǐ 所以*" together with "*yīnwèi 因为*". And normally they would each be put at the beginning of a clause.

因为……	所以……
[yīnwèi]	[suǒyǐ]
because ...	so ...

For example：

- 因为没有咖啡,所以我买了热红茶。

  [Yīnwèi méiyǒu kāfēi, suǒyǐ wǒ mǎi le rè hóngchá]

  Because there is no coffee, I bought hot black tea.

- 因为我不认识汉字,所以我每次都写拼音。[Yīnwèi wǒ bú rènshi Hànzì, suǒyǐ wǒ měicì dōu xiě pīnyīn]

  Because I don't know Chinese characters, I write pinyin every time.

- 因为今天是星期一,所以我们都穿红色的衣服。[Yīnwèi jīntiān shì xīngqīyī, suǒyǐ wǒmen dōu chuān hóngsè de yīfu]

  Because today is Monday, we all wear red clothes.

Great, let's look at some examples to practice what we learned today.

- 你为什么不给我打电话?

  [Nǐ wèi shénme bù gěi wǒ dǎ diànhuà]

  Why didn't you call me?

- 因为我的公司离这儿不远,所以我走路去。

  [Yīnwèi wǒ de gōngsī lí zhèr bù yuǎn, suǒyǐ wǒ zǒu lù qù]

  Because my company is not far from here, I can walk there.

- 因为今天是星期二,所以人很少。

  [Yīnwèi jīntiān shì xīngqīèr, suǒyǐ rén hěn shǎo]

  Because today is Tuesday, there are not many people.

● 因为那儿的东西太贵了，所以我不想买。

[Yīnwèi nàr de dōngxi tài guì le, suǒyǐ wǒ bù xiǎng mǎi]

Because the things are too expensive there, I don't want to buy.

Great, so that wraps up today's lesson. Hope you have learned something there. Download our app to access our Chinese lessons, come back for our next lesson and learn Chinese anywhere, anytime with **ChineseAny**.

Word List

Main Vocabulary		
为什么[wèi shénme] why	因为[yīnwèi] because, because of	所以[suǒyǐ] so

Notes

1. Special question word "为什么[wèi shénme]"

◇ **Subject + 为什么[wèi shénme] + object**

E. g. ① 你为什么去公司? [Nǐ wèi shénme qù gōngsī]

　　　 Why do you go to the company?

　　 ② 你为什么喜欢他? [Nǐ wèi shénme xǐhuan tā]

　　　 Why do you like him?

　　 ③ 他为什么来上海? [Tā wèi shénme lái Shànghǎi]

　　　 Why does he come to Shanghai?

◇ **The negative sentence：**

Subject + 为什么[wèi shénme] + 不[bù(bú)] + verb

E. g. ① 你今天为什么不上班? [Nǐ jīntiān wèi shénme bú shàng bān]

Why don't you go to work today?

② 你为什么不高兴? [Nǐ wèi shénme bù gāoxìng]

Why are you unhappy?

③ 你的朋友为什么不来? [Nǐ de péngyou wèi shénme bù lái]

Why doesn't your friend come?

◇ **The past tense：**

Subject + 为什么 [wèi shénme] **+ 没** [méi] **+ verb**

E. g. ① 十点了,你为什么没回家?

[Shí diǎn le, Nǐ wèi shénme méi huíjiā]

It is ten o'clock, why didn't you go home?

② 她为什么没坐地铁去那里?

[Tā wèi shénme méi zuò dìtiě qù nàlǐ]

Why didn't she go there by metro?

③ 你为什么没告诉你的同事?

[Nǐ wèi shénme méi gàosu nǐ de tóngshì]

Why didn't you tell your colleague?

2. **Reason clause：**"**因为** [yīnwèi] ······ **所以** [suǒyǐ] ······"

E. g. ① 因为下雨,所以我坐出租车。

[Yīnwèi xiàyǔ, suǒyǐ wǒ zuò chūzūchē]

Because of rain, I take a taxi.

② 因为今天是周末,所以他和朋友一起去商店。

[Yīnwèi jīntiàn shì zhōumò, suǒyǐ tā hé péngyou yìqǐ qù shāngdiàn]

Because today is weekend, he will go to shop with his friend.

③ 因为要学习汉语,所以他来中国。

[Yīnwèi yào xuéxí Hànyǔ, suǒyǐ tā lái Zhōngguó]

Because he wanted to learn Chinese, he came to China.

Quiz

I. Pronunciation.

1. Please choose the initials or finals you heard.

1) A. yīnwèi   B. yīngwén

2) A. sōují   B. suǒyǐ

3) A. chídào   B. chízǎo

4) A. hé shuí   B. hē shuǐ

5) A. zǎodào   B. zhǎodào

6) A. qǐzǎo   B. qǐdǎo

2. Please choose the Pinyin you heard.

1) A. zhù nǎlǐ   B. zhù nàlǐ

2) A. yígòng shí kuài   B. yígòng sì kuài

3) A. yìqǐ zǒu ba   B. yìqǐ zuò ba

4) A. tā pǎo le   B. tā bǎo le

5) A. wǒ mǎi bēizi   B. wǒ mǎi bèizi

6) A. mǎi yì bāo yān   B. mǎi yì bāo yán

II. Form sentences.

1. <u>tā</u>   <u>bú</u>   <u>wèi shénme</u>   <u>zuò</u>   <u>fàn</u>   <u>jīntiān</u>
  1   2   3   4   5   6

2. <u>nǐ</u>   <u>bù</u>   <u>hē</u>   <u>wèi shénme</u>   <u>xǐhuan</u>   <u>kāfēi</u>
  1   2   3   4   5   6

3. <u>yīnwèi</u>   <u>wǒ</u>   <u>hěn</u>   <u>bù</u>   <u>lèi</u>   <u>suǒyǐ</u>   <u>shuōhuà</u>   <u>xiǎng</u>
  1   2   3   4   5   6   7   8

4. shì   zhōumò   suǒyǐ   yīnwèi   rén   duō   hěn
   1   2   3   4   5   6   7

_____

5. wèi shénme   tā   gāoxìng   bù
     1   2   3   4

_____

6. yīnwèi   tiānqì   lěng   wǒ   hěn   qù   méiyǒu   suǒyǐ
   1   2   3   4   5   6   7   8

_____

III. Please translate the following sentences into Chinese.

1. Why didn't you come earlier?

_____

2. Why didn't he come to school yesterday?

_____

3. Why did you tell her?

_____

4. Because the food in that restaurant is too delicious, so many people go there.

_____

5. Because I was very busy last week, so I didn't have the lesson.

_____

6. Because I didn't eat breakfast, so I am hungry.

_____

Please Wait a Moment

Welcome to Elementary Level Five, Lesson Two of our *ChineseAny* podcast series teaching Mandarin Chinese. Today we will learn four words: two verbs, one particle, and one noun. Let's look at them now.

The 1st verb is "*děng* 等". "*děng* 等" means "to wait". Usually we put a person after it to express "wait for somebody".

等
[děng]
to wait   verb

For example:
- 我在那儿等你。[Wǒ zài nàr děng nǐ]
  I will wait for you there.
- 我等了他20分钟,但是他没来。
  [Wǒ děng le tā èrshí fēnzhōng, dànshì tā méi lái]
  I waited him for 20 minutes, but he didn't show up.
- 你可以等我10分钟吗? [Nǐ kěyǐ děng wǒ shí fēnzhōng ma]
  Can you wait me for 10 minutes?
- 别等他了,我们走吧。[Bié děng tā le, wǒmen zǒu ba]
  Don't wait for him, let's go.

OK, let's look at the 2nd verb, "*dú* 读". "*dú* 读" means "to read or to read loudly".

读
[dú]
to read   verb

For example：

- To read a book in Chinese is " dú shū 读书".

- 请读这个汉字。[Qǐng dú zhè ge Hànzì]
  Please read this character out.

- 你可以读他的英语名字吗？[Nǐ kěyǐ dú tā de Yīngyǔ míngzi ma]
  Can you read his English name?

- 我可以读一点汉字。[Wǒ kěyǐ dú yìdiǎnr Hànzì]
  I can read a few Chinese characters.

Great，now let's move on to the 3rd word,
" yíxià 一下".

一下
[yíxià]
a little bit   particle

" yíxià 一下" is a particle, we usually use it
after the verbs to convey a relaxed, soft, and
polite tone.

Verb ＋一下
[yíxià]

For example：

- 请看！[Qǐng kàn] Please look！
  Although you said " qǐng 请" (please), it conveys a more formal
  tone. But if you add " yíxià 一下" at the end, it is more relaxed.

- 请看一下。[Qǐng kàn yíxià]
  Please have a look.

- 请等一下。[Qǐng děng yíxià]
  Please wait a moment.

Please compare the following sentences to see which is more formal
and which one is more relaxed.

- " I want to buy a ticket. "，" Wǒ yào mǎi piào 我要买票。

（I need to buy a ticket.）"

"*Wǒ yào mǎi yíxià piào* 我要买一下票。（A ticket, please.）"

- "Can I watch the movie?"

  "*Wǒ kěyǐ kàn diànyǐng ma* 我可以看电影吗？

  （Shall I go to the movie?）"

  "*Wǒ kěyǐ kàn yíxià diànyǐng ma* 我可以看一下电影吗？

  （Is it OK if I go for the movie?）"

- "I want to stop here."

  "*Wǒ xiǎng zài zhèr tíng chē* 我想在这儿停车。

  （I want to park the car here）"

  "*Wǒ xiǎng zài zhèr tíng yíxià chē* 我想在这儿停一下车。

  （If it is OK, I would like to park the car here.）"

Please remember that you may use "*yíxià* 一下" after the verb, but if the verb is composed of "verb + noun", you have to put the "*yíxià* 一下" after the verb, but before the noun.

Great, the last vocabulary word for today's lesson is "*bàozhǐ* 报纸". "*bàozhǐ* 报纸" means "newspaper".

> 报纸
> [bàozhǐ]
> newspaper   noun

- "read newspaper" in Chinese should be "*kàn bàozhǐ* 看报纸"

- But "read the newspaper aloud" in Chinese should be "*dú bàozhǐ* 读报纸".

- 你经常读报纸吗？[Nǐ jīngcháng dú bàozhǐ ma]

  Do you often read newspaper?

- 你喜欢什么时候看报纸？[Nǐ xǐhuan shénme shíhou kàn bàozhǐ]

  When do you like to read the newspaper?

Great, let's look at some examples to practice what we learned today.

- 请说一下你的名字。

  [Qǐng shuō yíxià nǐ de míngzi]

  Please say your name.

- 他很喜欢读书。

  [Tā hěn xǐhuan dú shū]

  He likes reading books a lot.

- 请问,在哪儿买英语报纸?

  [Qǐng wèn, zài nǎr mǎi Yīngyǔ bàozhǐ]

  Excuse me, where can I buy the English newspaper?

- 你可以帮我读一下吗?

  [Nǐ kěyǐ bāng wǒ dú yíxià ma]

  Can you help me to read it?

Great, so that wraps up today's lesson. Hope you have learned something there. Download our app to access our Chinese lessons, remember you can learn Chinese anywhere, anytime with **ChineseAny**.

Word List

Main Vocabulary		
等[děng] to wait	读[dú] to read	一下[yíxià] a little bit
报纸[bàozhǐ] newspaper		

Additional Vocabulary		
纸 [zhǐ] paper		

Notes

The particle "一下 [yíxià]"

Verb + 一下 [yíxià] + Noun

E. g. ① 请等他一下。[Qǐng děng tā yíxià]

Please wait him for a moment.

② 我朋友想看一下这本书。

[Wǒ péngyou xiǎng kàn yíxià zhè běn shū]

My friend wants to read this book.

③ 请听一下他说的话。[Qǐng tīng yíxià tā shuō de huà]

Please listen what he said.

Quiz

I. Pronunciation.

  1. Please choose the initials or finals you heard.

    1) A. děngdài   B. dēngtái

    2) A. túshū   B. dúshū

    3) A. bàozhǐ   B. bǎochí

    4) A. shíjiān   B. shíjiàn

    5) A. xīngqī   B. xīnqí

    6) A. shàngqù   B. shānqū

2. Please choose the Pinyin you heard.

1) A. děng yíxià   B. dēng yíxià

2) A. dú yíxià   B. tú yíxià

3) A. gěi wǒ chī   B. gěi wǒ zhǐ

4) A. wǒ yǒu qián   B. wǒ yào qián

5) A. qǐng wèn yíxià   B. qǐng wén yíxià

6) A. máoyī gōngsī   B. màoyì gōngsī

II. Form sentences.

1. zài   nǎlǐ   wǒ   nǐ   děng
   1   2   3   4   5

_____

2. děng   le   nǐ   duō   tā   jiǔ
   1   2   3   4   5   6

_____

3. wǒ   děng   qǐng   zài   fēnzhōng   shí
   1   2   3   4   5   6

_____

4. Hànzì   dú   zěnme   nǐ   zhīdào   zhè ge   ma
   1   2   3   4   5   6   7

_____

5. yíxià   Hànyǔ   kàn   wǒ   bàozhǐ   xiǎng
   1   2   3   4   5   6

_____

6. shénme   bàozhǐ   nǐ   yǒu
   1   2   3   4

_____

III. Please translate the following sentences into Chinese.

1. I will wait for you at the bus station.

_____

2. Did you wait for a long time?

_____

3. I like reading English newspapers.

_____

4. Can you read this Chinese character?

_____

5. Please help me to buy the train ticket.

_____

6. Please speak out your telephone number.

_____

Let's Play Tennis

Welcome to Elementary Level Five, Lesson Three of our **ChineseAny** podcast series teaching Mandarin Chinese. Today we will learn three words: one verb, one adverb and one noun. Let's look at them now.

The 1st verb is "*dǎ* 打". "*dǎ* 打" means "to play". Yes, "*dǎ* 打" has many meanings. We previously learned "*dǎ diànhuà* 打电话", "*dǎ* 打" means "to make a phone call" here. But in today's lesson, we will learn its other meaning "to play sports with your hands".

打
[dǎ]
to play   verb

OK, now let's learn the name of a type of ball, "*wǎngqiú* 网球". "*wǎngqiú* 网球" means tennis ball. "*wǎng* 网" means "net" and "*qiú* 球" mean "ball". Different types of balls will have different names.

Let's look at the following pictures:

网球
[wǎngqiú]
tennis   noun

足球 [zúqiú]
Football，soccer

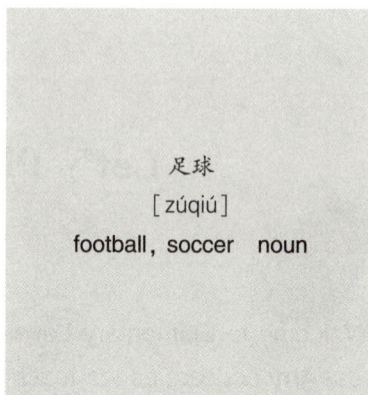

足球
[zúqiú]
football，soccer　noun

排球 [páiqiú]
Volleyball

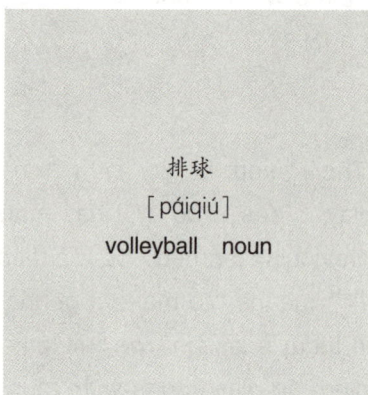

排球
[páiqiú]
volleyball　noun

网球 [wǎngqiú]
Tennis

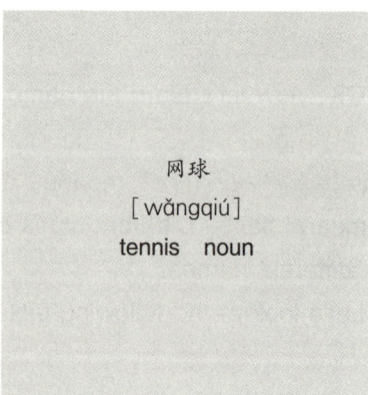

网球
[wǎngqiú]
tennis　noun

篮球 [lánqiú]
Basketball

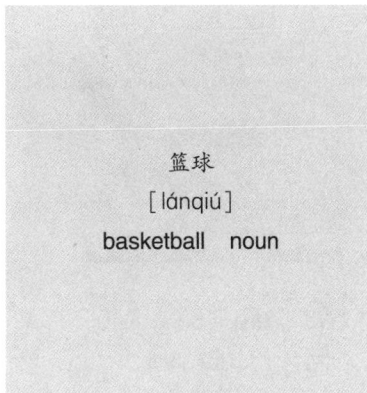

篮球
[lánqiú]
basketball   noun

板球 [bǎnqiú]
Cricket

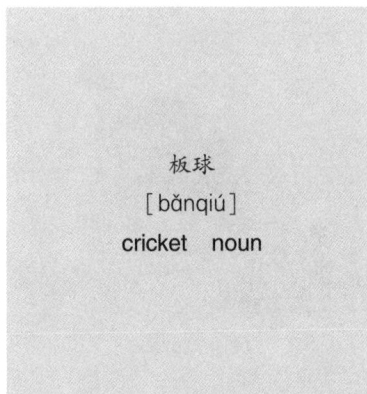

板球
[bǎnqiú]
cricket   noun

橄榄球 [gǎnlǎnqiú]
Football

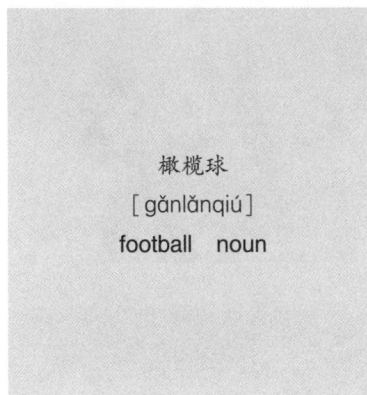

橄榄球
[gǎnlǎnqiú]
football   noun

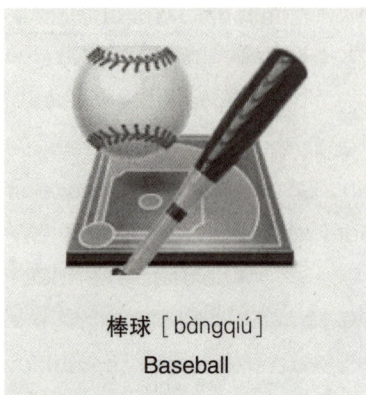

棒球 [bàngqiú]
Baseball

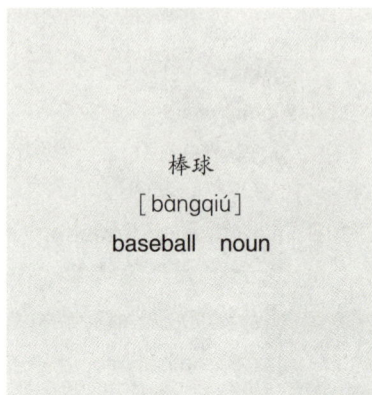

棒球
[bàngqiú]
baseball   noun

乒乓球 [pīngpāngqiú]
Table tennis

乒乓球
[pīngpāngqiú]
table tennis   noun

高尔夫球 [gāo'ěrfūqiú]
Golf ball

高尔夫球
[gāo'ěrfūqiú]
golf ball   noun

Great, now that we know the names of different types of balls, we can learn the names of playing with them.

For example:
- "play tennis" in Chinese is "*dǎ wǎngqiú* 打网球".
- "play basketball" in Chinese is "*dǎ lánqiú* 打篮球".
- "play golf" in Chinese is "*dǎ gāo'ěrfūqiú* 打高尔夫球".

One exception is "play football (soccer)". You may not say "*dǎ zúqiú* 打足球", because football is not played with the hands. The correct way to say "play football (soccer)" is "*tī zúqiú* 踢足球", here "*tī* 踢" means "kick".

Sometimes, you may also simply say "*dǎqiú* 打球" to mean "play ball" in the general sense.

Let's look at some examples:
- 你一个星期打几次网球? [Nǐ yí gè xīngqī dǎ jǐ cì wǎngqiú]
  How many times do you play tennis every week?
- 他的网球打得很好。[Tā de wǎngqiú dǎ de hěn hǎo]
  He plays tennis very well.
- 我不喜欢打篮球,但是我喜欢看。
  [Wǒ bù xǐhuan dǎ lánqiú, dànshì wǒ xǐhuan kàn]
  I don't like to play basketball, but I like to watch.
- 我们这个周末去打高尔夫球吧。
  [Wǒmen zhè ge zhōumò qù dǎ gāo'ěrfūqiú ba]
  Let's play golf this weekend.
- 你喜欢打什么球? [Nǐ xǐhuan dǎ shénme qiú]
  What kind of balls do you like to play?

Great, now let's move on to the last word "*yìqǐ* 一起". "*yìqǐ* 一起" means "together". We usually use it before the verb to express doing something with somebody together.

一起
[yìqǐ]
together   adverb

For example：

● 下雨了，我们一起去公车站吧。

[Xiàyǔ le, wǒmen yìqǐ qù gōngchē zhàn ba]

It's raining, let's go to the bus station together.

● 我太太和我儿子一起回新加坡了。

[Wǒ tàitai hé wǒ érzi yìqǐ huí Xīnjiāpō le]

My wife and my son went back to Singapore together.

● 谁和你一起去北京？ [Shuí hé nǐ yìqǐ qù Běijīng]

Who will go to Beijing with you together?

● 你为什么不和他们一起去？

[Nǐ wèi shénme bù hé tāmen yìqǐ qù]

Why didn't you go with them together?

In the above sentences, you may see that the subject that comes before "*yìqǐ* 一起" is normally in the plural form, like "*wǒmen* 我们" or "A*hé* 和B, A and B.".

Great, let's look at some examples to practice what we learned today.

● 这个星期六我和家人一起去吃中国菜。

[Zhè ge xīngqīliù wǒ hé jiārén yìqǐ qù chī Zhōngguó cài]

I will have Chinese food with my families this Saturday.

- 中国人喜欢打乒乓球。
  [Zhōngguó rén xǐhuan dǎ pīngpāngqiú]
  Chinese people like to play Ping Pong.

- 网球很难打。
  [Wǎngqiú hěn nán dǎ]
  Tennis is hard to play.

- 明天我和女朋友一起看电影。
  [Míngtiān wǒ hé nǚ péngyou yìqǐ kàn diànyǐng]
  I will go to watch movie with my girlfriend tomorrow.

Great，so that wraps up today's lesson. Hope you have learned something. You can download our app to access all of our Chinese lessons and learn Chinese anywhere，anytime with *ChineseAny*.

Word List

Main Vocabulary		
打[dǎ] to play	网球[wǎngqiú] tennis	一起[yìqǐ] together
Additional Vocabulary		
球[qiú] ball	乒乓球[pīngpāngqiú] ping-pong ball	篮球[lánqiú] basketball
棒球[bàngqiú] baseball	足球[zúqiú] football	高尔夫球[gāo'ěrfūqiú] golf
橄榄球[gǎnlǎnqiú] rugby		

Notes

The adverb "一起[yìqǐ]"

Subject + 和[hé] + Somebody + 一起[yìqǐ] + Verb + Noun

E. g. ① 这个周末大家一起去打网球。

[Zhè ge zhōumò dàjiā yìqǐ qù dǎ wǎngqiú]

This weekend let's go to play tennis together.

② 下班了, 我和朋友一起去吃饭。

[Xià bān le, wǒ hé péngyou yìqǐ qù chīfàn]

It's time to finish work, I will go to have dinner with my friend.

③ 明天我们一起去公司, 怎么样?

[Míngtiān wǒmen yìqǐ qù gōngsī, zěnmeyàng]

How about going to the company together tomorrow?

④ 她很喜欢和朋友一起去商店。

[Tā hěn xǐhuan hé péngyou yìqǐ qù shāngdiàn]

She likes going shopping with her friends together.

Quiz

I. Pronunciation.

  1. Please choose the initials or finals you heard.

    1) A. yìqǐ   B. yícì

    2) A. táiqiú   B. pāiqiú

    3) A. zúqiú   B. zhuōqiú

    4) A. zhūzi   B. zhùzhǐ

    5) A. qīngchǔ   B. qìngzhù

6) A. zhūzi   B. zhùzhǐ

2. **Please choose the Pinyin you heard.**

1) A. nǐ cā ba   B. nǐ cāi ba

2) A. dōu shuì le   B. dōu zuì le

3) A. wǒ qù jīchǎng   B. wǒ qù jùchǎng

4) A. tā gāng xǐ zǎo   B. tā gāng xǐ jiǎo

5) A. yìqǐ hē jiǔ   B. yìqǐ tī qiú

6) A. shí gè píngguǒ   B. chī ge píngguǒ

II. **Form sentences.**

1. | Zhōngguó | dà | de | Dānmài | duō | bǐ |
   |---|---|---|---|---|---|
   | 1 | 2 | 3 | 4 | 5 | 6 |

   _____

2. | bǐ | wǒ | tā | gāo |
   |---|---|---|---|
   | 1 | 2 | 3 | 4 |

   _____

3. | péngyou | wǒ | nǚ | hěn | mǎi | xǐhuan | yīfu |
   |---|---|---|---|---|---|---|
   | 1 | 2 | 3 | 4 | 5 | 6 | 7 |

   _____

4. | wǒmen | xīnnián | xǐhuan | de | Zhōngguó | hěn |
   |---|---|---|---|---|---|
   | 1 | 2 | 3 | 4 | 5 | 6 |

   _____

5. | nàlǐ | yǒu | xīn | shāngdiàn | yí | gè | tīngshuō |
   |---|---|---|---|---|---|---|
   | 1 | 2 | 3 | 4 | 5 | 6 | 7 |

   _____

6. | juéde | wǒ | chá | bǐ | kāfēi | hǎohē |
   |---|---|---|---|---|---|
   | 1 | 2 | 3 | 4 | 5 | 6 |

   _____

III. Please translate the following sentences into Chinese.

1. This room is bigger than that one.

_____

2. Taking bus is cheaper, but taking train is much faster.

_____

3. The Chinese New Year is very important in China.

_____

4. Your new car is very nice.

_____

5. I think family is more important than work.

_____

6. The population of Shanghai is larger than Beijing.

_____

I Like Riding Bicycle

Welcome to Elementary Level Five, Lesson Four of our *ChineseAny* podcast series teaching Mandarin Chinese. Today we will learn three words: one helping word, one verb, and one noun. Let's look at them now.

The 1st helping word is "*huì* 会". Previously we learned it as a noun, which means "meeting". But in this lesson, "*huì* 会" is a helping word, which means "be able to do ... or be capable of". We

会
[huì]
be able to   helping word

usually use it before the verb. The negative form is "*bú huì* 不会".

For example:
- 我会做饭。[Wǒ huì zuòfàn]
  I'm able to cook (I can cook).
- 我会说汉语和英语。[Wǒ huì shuō Hànyǔ hé Yīngyǔ]
  I can speak Chinese and English.
- 我会写汉字。[Wǒ huì xiě Hànzì]
  I can write Chinese characters.
- 我不会开车。[Wǒ bú huì kāi chē]
  I can't drive.
- 我不会做中国饭,你会吗? [Wǒ bú huì zuò Zhōngguó fàn, nǐ huì ma]
  I cannot cook Chinese food, can you?

OK, the 2nd character is "*qí 骑*". "*qí 骑*" means to ride.

骑
[qí]
to ride   verb

For example：

- 骑马[qí mǎ]

  To ride a horse.

- 那个小男孩儿想骑白虎。[Nà ge xiǎo nánháir xiǎng qí báihǔ]

  That little boy wants to ride the white tiger.

- 谁想和我一起骑马？ [Shuí xiǎng hé wǒ yìqǐ qí mǎ]

  Who wants to ride horse with me together?

- 她还太小，不知道怎么骑车。

  [Tā hái tài xiǎo, bù zhīdào zěnme qí chē]

  She is still too young, doesn't know how to ride（a bicycle）.

OK, the 3rd vocabulary word is "*zìxíngchē 自行车*". "*zìxíngchē 自行车*" means "bicycle". "*zì 自*" means "self", "*xíng 行*" means "to drive, to run". "*chē 车*" means "car". The car which runs by you, here refers to a bicycle. "To ride a bicycle" in Chinese is "*qí zìxíngchē 骑自行车*".

自行车
[zìxíngchē]
bicycle   noun

Let's look at some examples：

- 你会骑自行车吗？ [Nǐ huì qí zìxíngchē ma]

  Can you ride a bicycle?

- 你要什么颜色的自行车？ [Nǐ yào shénme yánsè de zìxíngchē]

  What color of bicycle do you want?

- 我买了新的自行车，你觉得怎么样？

  [Wǒ mǎi le xīn de zìxíngchē, nǐ juéde zěnmeyàng]

  I bought a new bicycle, what do you think?

- 我三岁的时候开始学习骑自行车。

  [Wǒ sān suì de shíhou, kāishǐ xuéxí qí zìxíngchē]

  When I was 3 years old, I started learning how to ride a bicycle.

- 在地铁站里不可以骑自行车。

  [Zài dìtiě zhàn lǐ bù kěyǐ qí zìxíngchē]

  You can't ride a bicycle in the subway station.

- 从这里到商店骑自行车要多久?

  [Cóng zhèlǐ dào shāngdiàn qí zìxíngchē yào duō jiǔ]

  How long will it cost from here to the shop by bicycle?

Great, let's look at some examples to practice what we learned today.

- 你会说汉语吗?

  [Nǐ huì shuō Hànyǔ ma]

  Can you speak Chinese?

- 我的先生会做意大利饭。

  [Wǒ de xiānsheng huì zuò Yìdàlì fàn]

  My husband can cook Italian food.

- 他每天骑自行车上班。

  [Tā měitiān qí zìxíngchē shàngbān]

  He goes to work by bicycle everyday.

- 我的儿子还不会骑自行车。

  [Wǒ de érzi hái bú huì qí zìxíngchē]

  My son still can't ride a bicycle.

● 在他的家，每个人都会骑马。

[Zài tā de jiā, měi gè rén dōu huì qí mǎ]

Everyone in his family can ride a horse.

● 我想学习怎么骑马。

[Wǒ xiǎng xuéxí zěnme qí mǎ]

I want to learn how to ride a horse.

Great, so that wraps up today's lesson. Hope you have learned something there. Download our app to access our Chinese lessons, remember you can learn Chinese anywhere, anytime with **ChineseAny**.

Word List

Main Vocabulary		
会[huì] can, be able to	骑[qí] to ride	自行车[zìxíngchē] bicycle
Additional Vocabulary		
骑马[qí mǎ] ride horse		

Notes

The helping word "会[huì]"

Subject + 会[huì] + verb + (object)

E. g. ① 我朋友会说英语。[Wǒ péngyou huì shuō Yīngyǔ]

My friend can speak English.

② 他不会写汉字。[Tā bú huì xiě Hànzì]

He can't write Chinese character.

③ 你会游泳吗? [Nǐ huì yóuyǒng ma]

Can you swim?

④ 她的朋友不会骑自行车。[Tā de péngyou bú huì qí zìxíngchē]

Her friend doesn't know how to ride a bike.

◗ **Quiz**

I. Pronunciation.

1. Please choose the initials or finals you heard.

1) A. qíchē   B. qìchē

2) A. duōshì   B. dūshì

3) A. kùnnán   B. kǔnàn

4) A. cìxù   B. chíxù

5) A. jìxìn   B. jíxìng

6) A. shàngqù   B. xiǎng qù

2. Please choose the Pinyin you heard.

1) A. zuò xítí   B. zuò shìtí

2) A. hóng qúnzi   B. huáng qúnzi

3) A. yí gè dùzi   B. yí gè tùzi

4) A. huǒchē lái le   B. huòchē lái le

5) A. nǐ yǒu táng ma   B. nǐ yǒu tāng ma

6) A. tā de qīzi   B. tā de qízǐ

II. Form sentences.

1. huì   yìdiǎnr   shuō   wǒ   Hànyǔ
   1   2   3   4   5

_____

2. zuò   Zhōngguó   huì   nǐ   ma   fàn
   1   2   3   4   5   6

_____

3. tā   dú   Yīngyǔ   huì   bú   bàozhǐ
  1   2   3   4   5   6

_____

4. wǒmen   xǐhuan   dōu   mǎ   qí   hěn
    1   2   3   4   5   6

_____

5. qí   qù   bù   zìxíngchē   wǒ   xiǎng
  1   2   3   4   5   6

_____

6. báisè   xiǎng   mǎi   wǒ   de   zìxíngchē
   1   2   3   4   5   6

_____

III. Please translate the following sentences into Chinese.

1. Can you read these Chinese characters?

_____

2. I still can't play tennis.

_____

3. My wife can cook many Japanese food.

_____

4. Let's go there by bicycle.

_____

5. When do you want to study riding bicycle?

_____

6. I want to buy a bicycle for my son.

_____

I Have Been There

Welcome to Elementary Level Five, Lesson Five of our **ChineseAny** podcast series teaching Mandarin Chinese. Today we will learn three words: one particle, one verb and one noun. Let's look at them now.

Today's 1st character is "*guò* 过". "*guò* 过" has several meanings. As a verb, it means "to cross, to pass, and to celebrate".

> 过
> [guo]
> verbal suffix

But in today's lesson, we will learn it as the verbal suffix to express the past or present perfect tense. We usually use it after the verb and before the object to express that you have had previous experience in something, which would be the antonym of "never".

➤ As a suffix, "*guò* 过" should be pronounced in the **neutral tone**.

> Verb + 过 + Object
> [guo]

For example:
- 我去过北京。[Wǒ qù guo Běijīng]
  I have ever been to Beijing.
- 他告诉过我他的名字。[Tā gàosu guo wǒ tā de míngzi]
  He has ever told me his name.
- 你吃过什么中国菜? [Nǐ chī guo shénme Zhōngguó cài]

What Chinese food have you eaten before?

➤ The negative form is "*méiyǒu* 没(有) + *Verb* +*guo* 过 + *object*".
In English, this would be an equivalent —— "never did something".

> 没(有) + **Verb** + 过 + Object
> [méiyǒu]　　　[guo]

For example：
- 我没(有)喝过中国的白酒。
  [Wǒ méi(yǒu) hē guo Zhōngguó de báijiǔ]
  I have never drunk Chinese alcohol.
- 在中国,我没(有)坐过公车。
  [Zài Zhōngguó, wǒ méi(yǒu) zuò guo gōngchē]
  I have never taken a bus in China.

➤ The interrogative form would be
"*verb + 过(guo) + object + 吗
(ma)*" or

> **verb** + 过 + **object** + 吗?
> [guo]　　　　[ma]

"*verb + 过(guo) + object + 没有
(méiyǒu)*"?

> **verb** + 过 + **object** + 没有?
> [guo]　　　　[méiyǒu]

For example：
- 你见过王先生的家人吗?
  [Nǐ jiàn guo Wáng xiānsheng de jiārén ma]
  Have you ever met Mr. Wang's families?
- 你去过我们公司附近的书店没有?
  [Nǐ qù guo wǒmen gōngsī fùjìn de shūdiàn méiyǒu]
  Have you ever been to the bookstore near our company?

Great, now let's look at the difference between "*le* 了" and "*guo* 过".

- 他去了韩国。[Tā qù le Hánguó]

  He went to Korea (he is still there).

- 他去过韩国。[Tā qù guo Hánguó]

  He has ever been to Korea (now he is not there).

- 昨天我看了那个电影。[Zuótiān wǒ kàn le nà ge diànyǐng]

  I saw that movie yesterday.

- 我看过那个电影。[Wǒ kàn guo nà ge diànyǐng]

  I have ever seen that movie.

◇ We use "**Verb + 了 + object**" to express "what somebody did in the past".

> verb + 了 + object
>
> [le] did in the past time

◇ But we use "**Verb + 过 + object**" to express "something that has been experienced or done at least once in the past".

> verb + 过 + object
>
> [guo]   past experience

The way to use "*le* 了" and "*guo* 过" are very important in learning Chinese. Please practice more after the class to make sure that you understand them well and can use them fluently.

OK, let's look at the 2nd word, "*sòng* 送". "*sòng* 送" also has several meanings in Chinese. In today's lesson, we will learn the meaning "give for free".

> 送
>
> [sòng]
>
> give for free   verb

You may have seen a sign in a Chinese supermarket that says " 买 一送一". The pinyin is "*mǎi yī sòng yī*". The meaning is "buy one get one (for free)".

Let's look at more examples.

- 他明天回国,你们要送他什么? [Tā míngtiān huí guó, nǐmen yào sòng tā shénme]

  He will go back to his homeland and what will you give him?

- 我想送他电影票。[Wǒ xiǎng sòng tā diànyǐng piào]

  I'd like to give him a movie ticket.

- 我不知道送她什么? [Wǒ bù zhīdào sòng tā shénme]

  I don't know what can I give to her?

OK, today's 3rd vocabulary is " *lǐwù* 礼物". " *lǐwù 礼物*" means gift or present, It's a noun.

> 礼物
> [lǐwù]
> **gift/present noun**

For example:

- 每个人都喜欢礼物,对吗? [Měi gè rén dōu xǐhuan lǐwù, duì ma]

  Everybody likes presents, right?

- 他喜欢什么礼物? [Tā xǐhuan shénme lǐwù]

  What presents does he like?

- 这个礼物太贵了。[Zhè ge lǐwù tài guì le]

  This present is too expensive.

- 我还没买礼物。[Wǒ hái méi mǎi lǐwù]

  I haven't bought the present yet.

"Give somebody a gift" in Chinese should be" *sòng 送 sb. lǐwù 礼物*" For example:

- 他送过你礼物吗？ [Tā sòng guo nǐ lǐwù ma]
  Have you got the gift from him?
- 昨天晚上他送了你什么礼物？
  [Zuótiān wǎnshang tā sòng le nǐ shénme lǐwù]
  What kind of gift did he give you last night?
- 他每年都送我礼物。[Tā měi nián dōu sòng wǒ lǐwù]
  He gives me a gift every year.
- 我不想送她礼物。[Wǒ bù xiǎng sòng tā lǐwù]
  I don't want to give her any gift.

Great，let's look at some examples to practice what we learned today.

- 这是我妈妈送我的礼物。
  [Zhè shì wǒ māma sòng wǒ de lǐwù]
  This is a gift from my mom.

- 谢谢你的礼物。
  [Xièxie nǐ de lǐwù]
  Thanks for your gift.

- 我学习过一点德语和法语。
  [Wǒ xuéxí guo yìdiǎnr Déyǔ hé Fǎyǔ]
  I have learned a little bit of German and French.

- 我的朋友送了我一本汉语书。
  [Wǒ de péngyou sòng le wǒ yì běn Hànyǔ shū]
  My friend gave me a Chinese book.

Great, so that wraps up today's lesson. Hope you have learned something there. Download our app to access our Chinese lessons. Remember, you can learn Chinese anywhere, anytime with **ChineseAny**.

Word List

Main Vocabulary		
过[guo] verbal suffix	送[sòng] give for free	礼物[lǐwù] gift, present

Notes

1. **The verbal suffix "过[guo]"**

   ◇ **Subject + Verb + 过[guo] + Object**

   E.g. ① 我妈妈去过中国。[Wǒ māma qù guo Zhōngguó]

          My mother has been to China.

       ② 我今天吃过早饭。[Wǒ jīntiān chī guo zǎofàn]

          I have had breakfast today.

   ◇ **The negative form is "Subject +没有[méiyǒu] + Verb +过 [guo] + object"**

   E.g. ① 我没(有)吃过中国菜。

          [Wǒ méi(yǒu) chī guo Zhōngguó cài]

          I have never had Chinese food.

       ② 我在上海没有坐过出租车。

          [Wǒ zài Shànghǎi méi(yǒu) zuò guo chūzūchē]

          I have never taken a taxi in Shanghai.

◇ **The interrogation form is "Subject + Verb + 过**[guo] **+ Object +吗**[ma]**" or "Subject + Verb +过**[guo] **+ Object +没 有**[méiyǒu]**"**

E. g. ① 你听过他的音乐吗？[Nǐ tīng guo tā de yīnyuè ma]

　　　Have you heard his music?

　　② 你看过那个新电影没有？

　　　[Nǐ kàn guo nà ge xīn diànyǐng méiyǒu]

　　　Have you ever seen that new movie?

2. 了[le] **&过**[guo]

　◇ **We use "Verb + 了**[le] **+ object" to express what somebody did in the past.**

　◇ **We use "Verb + 过**[guo] **+object" to express something has been happened before, which indicated a past experience.**

E. g. ① 我男朋友去了英国。[Wǒ nán péngyou qù le Yīngguó]

　　　My boyfriend went to Britain. (He is still there)

　　② 我男朋友去过英国。[Wǒ nán péngyou qù guo Yīngguó]

　　　My boyfriend has been to Britain. (Now he is not there)

　　③ 中午我喝了咖啡。[Zhōngwǔ wǒ hē le kāfēi]

　　　I drank coffee this noon.

　　④ 我喝过咖啡。[Wǒ hē guo kāfēi]

　　　I have ever drunk coffee.

Quiz

I. Pronunciation.

　1. Please choose the initials or finals you heard.

　　1) A. lǐwù　　　　　　　B. lièwù

　　2) A. zǒngzhī　　　　　B. zǒngshì

3) A. gōngzuò   B. gōngzhǔ

4) A. xiàyǔ   B. xiàwǔ

5) A. jīnyú   B. jīngyú

6) A. zhùhù   B. zhùfú

2. **Please choose the Pinyin you heard.**

1) A. méiyǒu qí guo   B. méiyǒu qù guo

2) A. zhè shì chuán   B. zhè shì chuáng

3) A. shí diǎn sìshí   B. sì diǎn shísì

4) A. xiànzài qù ba   B. xiànzài chī ba

5) A. tā zài xiàn huā   B. tā zài xuǎn huā

6) A. wǒ shuō Hànyǔ   B. wǒ shuō Hányǔ

II. **Form sentences.**

1. tīng   zhè ge   wǒ   yīnyuè   guo

   1   2   3   4   5

2. Shànghǎi   tā   méi   guo   dìtiě   zuò   zài

   1   2   3   4   5   6   7

3. jiàn   guo   rén   wǒ   nà ge

   1   2   3   4   5

4. tā   lǐwù   sòng   méiyǒu   wǒ   guo

   1   2   3   4   5   6

5. juéde   lǐwù   tài   wǒ   le   piàoliang   zhè ge

   1   2   3   4   5   6   7

6. chá   le   tā   sòng   Zhōngguó   lǎoshī

   1   2   3   4   5   6

III. Please translate the following sentences into Chinese.

1. We have been to America.

   _____

2. I have read this book.

   _____

3. I have never seen Chinese movie.

   _____

4. What gift would you give your girlfriend?

   _____

5. Let's go to buy the gift together.

   _____

6. He gave me a bottle of red wine.

   _____

I Forgot Your Name

Welcome to Elementary Level Five, Lesson Six of **ChineseAny** podcast series teaching Mandarin Chinese. Today we will learn three verbs. Let's look at them now.

Today's 1st verb is "*dǒng* 懂". "*dǒng* 懂" means "to understand". You may add a noun or a sentence after it.

> 懂
> [dǒng]
> to understand　verb

For example：
- 对不起,我不懂汉语。[Duìbuqǐ, wǒ bù dǒng Hànyǔ]
  I'm sorry, I don't understand Chinese.
- 你懂了吗? [Nǐ dǒng le ma]
  Did you understand me?
- 今天学的你都懂了吗? [Jīntiān xué de nǐ dōu dǒng le ma]
  Did you understand what you have learned today?

In Chinese, "don't understand after looking", we would say "*kàn bu dǒng* 看不懂". And "don't understand after listening", we would say "*tīng bu dǒng* 听不懂".

For example：
- 我听不懂他说什么。[Wǒ tīng bu dǒng tā shuō shénme]

I cannot understand what he said.

- 我看不懂汉字。[Wǒ kàn bu dǒng Hànzì]
  I cannot understand Chinese characters.

Great, let's look at the 2nd character, "*huàn* 换". "*huàn* 换" means "to change, to exchange".

换
[huàn]
to change   verb

- To change the time in Chinese is "*huàn shíjiān* 换时间".
- To exchange currency in Chinese is "*huàn qián* 换钱".
- To change bus/subway in Chinese is "*huàn chē* 换车" or "*huàn dìtiě* 换地铁".

Let's see more examples,

- 我想换一个汉语老师。[Wǒ xiǎng huàn yí gè Hànyǔ lǎoshī]
  I want to change a Chinese teacher.
- 他什么时候换了手机号码? [Tā shénme shíhou huàn le shǒujī hàomǎ]
  When did he change his phone number?
- 我想换我的英语名字。[Wǒ xiǎng huàn wǒ de Yīngyǔ míngzi]
  I want to change my English name.
- 请问,哪里可以换地铁? [Qǐng wèn, nǎlǐ kěyǐ huàn dìtiě]
  Excuse me, where can I change the subway?

OK, the 3rd character of today's lesson is "*wàng* 忘". "*wàng* 忘" means "to forget". We normally use it with "*le* 了", when we put them together, it means "forgot something".

忘
[wàng]
to forget   verb

The format is " *Subject + wàng* 忘 + *le* 了 + *Object/sentence* ".

> S. + 忘了 + Object/sentence
> [wàng] [le]

For example：

- 对不起，我忘了你的名字。[Duìbuqǐ, wǒ wàng le nǐ de míngzi]
  I'm sorry, I forgot your name.

- 我忘了明天几点开会。[Wǒ wàng le míngtiān jǐ diǎn kāi huì]
  I forget when the meeting will start tomorrow.

- 我忘了你住几号楼。[Wǒ wàng le nǐ zhù jǐ hào lóu]
  I forgot which building you live.

- 请别忘了帮我买票。[Qǐng bié wàng le bāng wǒ mǎi piào]
  Please don't forget to help me buy the ticket.

Great，now let's learn a Chinese grammatical structure，the "A-not- A" question sentence. Here A is a verb or an adjective. In English，this would translate to "whether ... verb/adj. or not?" The format in Chinese is " *Subject + Verb + bù 不/méi 没 +Verb* ".

> S. + Verb + 不/没 + Verb
> [bù] [méi]
> S. + Adj. + 不/没 + Adj.
> [bù] [méi]

Let's look at some examples：

- 飞机票贵不贵?
  [Fēijī piào guì bu guì]
  Is the airplane ticket expensive or not?

- 你想不想家?
  [Nǐ xiǎng bu xiǎng jiā]
  Do you miss your home or not?

- 你懂不懂汉字?
  [Nǐ dǒng bu dǒng Hànzì]
  Do you understand Chinese character or not?

- 你去没去过北京?
  [Nǐ qù méi qù guo Běijīng]
  Have you been to Beijing or not?

Great, let's look at some examples to practice what we have learned today.

● 对不起，我忘了告诉你。
 [Duìbuqǐ, wǒ wàng le gàosu nǐ]
 Sorry, I forgot to tell you.

● 我忘了这个汉字怎么读。
 [Wǒ wàng le zhè ge Hànzì zěnme dú]
 I forgot how to read this Chinese character.

● 请问，去人民广场在哪儿换车？
 [Qǐng wèn, qù Rénmín guǎngchǎng zài nǎr huàn chē]
 Excuse me, where can I change the bus to the People Square?

● 你的公司离这儿远不远？
 [Nǐ de gōngsī lí zhèr yuǎn bu yuǎn]
 Is your company far away from here or not?

● 我不懂你说什么。
 [Wǒ bù dǒng nǐ shuō shénme]
 I don't understand what you are talking about.

Great, so that wraps up today's lesson. Hope you have learned something. You can download our app to access our Chinese lessons and learn Chinese anywhere, anytime with **ChineseAny**.

Word List

Main Vocabulary		
懂[dǒng] to understand	换[huàn] to change	忘[wàng] to forget
Additional Vocabulary		
看不懂[kàn bu dǒng] to don't understand after seeing	听不懂[tīng bu dǒng] to don't understand after listening	

Notes

The affirmative-negative question：

Subject ＋ Verb/adjective ＋ 不[bù]/没[méi] ＋ Verb/adjective

E.g. ① 你喜欢不喜欢打网球？[Nǐ xǐhuan bu xǐhuan dǎ wǎngqiú]

Do you like to play tennis or not?

② 你吃没吃过中国菜？[Nǐ chī méi chī guo Zhōngguó cài]

Have you ever had Chinese food or not?

③ 这个饭店贵不贵？[Zhè ge fàndiàn guì bu guì]

Is this restaurant expensive or not?

④ 他知道不知道你的家？[Tā zhīdào bu zhīdào nǐ de jiā]

Does he know your home or not?

Quiz

I. Pronunciation.

   1. Please choose the initials or finals you heard.

     1) A. bù dǒng   B. bù tóng

     2) A. yuǎnjìn   B. yuǎnqīn

     3) A. wán le   B. wàng le

     4) A. jì zhù   B. jié zhù

     5) A. jiāohuàn   B. zhàohuàn

     6) A. tīngdǒng   B. tīngtǒng

   2. Please choose the Pinyin you heard.

     1) A. tā zài sān céng   B. tā zài shāngchéng

     2) A. wǒ qù huàn qián   B. wǒ qù juān qián

     3) A. qǐng tīng yíxià   B. qǐng tíng yíxià

     4) A. tā hěn shāngxīn   B. tā hěn shàngxīn

     5) A. tā bǐ wǒ dà   B. tā bǐ wǒ dāi

     6) A. tā mài le chē   B. tā mǎi le chē

II. Form sentences.

   1. tā   bù   zhè   dǒng   kàn   shū   běn
      1   2   3   4   5   6   7

_____

   2. shì   Měiguórén   bú   tāmen   shì
      1   2   3   4   5

_____

   3. zhè ge   wǒ   wàng   Hànzì   zěnme   le   dú
      1   2   3   4   5   6   7

_____

4. huàn   wǒ   xīn   xiǎng   yīfu
   1   2   3   4   5

_____

5. gàosu   wǒ   zài   huàn   qǐng   nǎr   chē
   1   2   3   4   5   6   7

_____

6. wàng   tā de   le   hàomǎ   fángjiān   wǒ
   1   2   3   4   5   6

_____

III. Please translate the following sentences into Chinese.

1. Excuse me, how to change the bus to get there?

_____

2. I want to exchange money.

_____

3. Please say it again, I don't understand.

_____

4. I forgot his telephone number.

_____

5. Don't forget to tell him please.

_____

6. Do you like this color or not?

_____

Do Not Be Sick

Welcome to Elementary Level Five, Lesson Seven of **ChineseAny** podcast series teaching Mandarin Chinese. Today we will learn three words, one helping word, one verb and one pronoun. Let's see them now.

The 1st helping word is "*bú yào* 不要".

不要
[bú yào]
do not   helping word

"*bú yào* 不要" means "do not ...". It is used to prohibit an action before it really happens. It's a helping verb, so it usually comes before the verb. We learned "*bié* 别" in level four, lesson three, which also means "**Don't**", but it is softer than "*bú yào* 不要", we may translate it into "please don't ...". One thing we need to pay attention is that "*bú yào* 不要" can be used to answer a question, but it is not very formal.

For example：
- 请不要告诉他。[Qǐng bú yào gàosu tā]
  Please do not tell him.
- 请不要喝冷水。[Qǐng bú yào hē lěng shuǐ]
  Please do not drink cold water.
- 开会的时候，请不要打电话。[Kāihuì de shíhou, qǐng bú yào dǎ diànhuà]
  Please do not make a phone call when you are in a meeting.

Although we use "*qǐng* 请" before "*bú yào* 不要", the tone of "*bú yào* 不要" is still a little strong to express doing something is not allowed or is forbidden. So please say it gently when you give a suggestion to your colleagues, friends or families.

We also can put the "*le* 了" at the end of the "*bú yào* 不要" sentence, which indicated you intend to stop someone doing something when someone is doing it or about to do it.

不要 + verb + 了
[bú yào]　　[le]
do not

For example：
● 不要忘了。[Bú yào wàng le]
　Do not forget.
● 不要说了。[Bú yào shuō le]
　Stop talking.
● 太晚了,不要去那儿了。[Tài wǎn le, bú yào qù nàr le]
　It's too late, don't go there.

OK, the 2nd vocabulary is "*biéde* 别的 ".

别的
[biéde]
other(s)　pronoun

"*biéde* 别的" means "other(s)". You can add a noun after it, and the noun could be omitted.

别的 + (Noun)
[biéde] + (Noun)
others

Like：
● other teacher, "*biéde lǎoshī* 别的老师"
● other time, "*biéde shíjiān* 别的时间"
● other color, "*biéde yánsè* 别的颜色"
● other person, "*biéde rén* 别的人" or "*biérén* 别人"

Let's see some examples：

- 我不喜欢这个颜色,你们有别的(颜色)吗?

  [Wǒ bù xǐhuan zhè ge yánsè, nǐmen yǒu biéde (yánsè) ma]

  I don't like this color, do you have others?

- 我明天很忙,别的时间可以吗?

  [Wǒ míngtiān hěn máng, biéde shíjiān kěyǐ ma]

  I will be busy tomorrow, how about another time?

- 你穿一件别的吧,这件不好看。

  [Nǐ chuān yí jiàn biéde ba, zhè jiàn bù hǎokàn]

  Wear something else, this one is not pretty.

- 请不要问别人。[Qǐng bú yào wèn biérén]

  Please don't ask other people.

OK, the 3rd word is "*shēngbìng 生病*".
"*shēngbìng 生病*" means "to get sick",
"*shēng 生*" means "to get, to grow, to be
born". "*bìng 病*" means "sickness, disease".

生病
[shēngbìng]
get sick   verb

The sick person or the patient in Chinese would be "*bìngrén 病人*".

Let's see some examples：

- 他生病了。[Tā shēngbìng le]

  He was sick.

- 他今天没来公司,因为他生病了。

  [Tā jīntiān méi lái gōngsī, yīnwèi tā shēngbìng le]

  He did not come to the company, because he was sick.

- 你生了什么病? [Nǐ shēng le shénme bìng]

  What kind of illness did you get?

- 生病的时候,不要工作。[Shēngbìng de shíhou, bú yào gōngzuò]

  Don't work when you are sick.

● 他是一个病人。[Tā shì yí gè bìngrén]

He is a patient.

Great, let's make some examples to practice what we learned today.

● 不要在这里说话。
[Bú yào zài zhèlǐ shuōhuà]
Do not talk here!

● 你生病了,不要喝酒。
[Nǐ shēngbìng le, bú yào hē jiǔ]
You were sick, do not drink alcohol.

● 你还要别的吗?
[Nǐ hái yào biéde ma]
Do you need anything else?

● 晚上不要吃太多东西。
[Wǎnshang bú yào chī tài duō dōngxi]
Please do not eat too much in the evening.

Great, so that wraps up today's lesson. Hope you have learned something there. You can download our app to access all of our Chinese lessons and learn Chinese anywhere, anytime with **ChineseAny**.

Word List

Main Vocabulary		
不要[bú yào] do not	别的[biéde] other(s)	生病[shēngbìng] get sick
Additional Vocabulary		
生[shēng] to get/grow/be born	病[bìng] sickness/disease	别人[biérén] other people
病人[bìngrén] patient		

Notes

The helping word is "不要[bú yào]"

◇ **"不要[bú yào]" + verb**

E. g. ① 请不要在这里骑自行车。[Qǐng bú yào zài zhèlǐ qí zìxíngchē]

　　　Please do not ride bicycle here.

　　② 不要吃得太快。[Bú yào chī de tài kuài]

　　　Don't eat too fast.

　　③ 请不要坐在我的前边。[Qǐng bú yào zuò zài wǒ de qiánbian]

　　　Please do not sit in front of me.

◇ **"不要[bú yào]" + verb + 了[le]**

E. g. ① 不要忘了给他打电话。[Bú yào wàng le gěi tā dǎ diànhuà]

　　　Don't forget to call him.

　　② 不要睡了！[Bú yào shuì le]

　　　Don't sleep！

　　③ 下雨了，你不要走了。[Xiàyǔ le, nǐ bú yào zǒu le]

　　　It is raining，don't leave.

Quiz

I. Pronunciation.

　1. Please choose the initials or finals you heard.

　　1) A. búyòng　　　　　　B. bú yào

　　2) A. biérén　　　　　　B. bìngrén

　　3) A. shuōhuà　　　　　B. shūhuà

　　4) A. wàiyǔ　　　　　　B. wèiyǔ

5) A. huán chē   B. huàn chē

6) A. bù dǒng   B. bù tōng

2. **Please choose the Pinyin you heard.**

1) A. wǒ kàn jīnyú   B. wǒ kàn jīngyú

2) A. wǒ yào qí chē   B. wǒ yào xǐ chē

3) A. tiānqì búcuò   B. kōngqì búcuò

4) A. tā de yǎnjīng   B. tā de yǎnjìng

5) A. gěi wǒ píjiǔ   B. gěi wǒ píqiú

6) A. xiànzài xiàyǔ   B. xiànzài xiàwǔ

II. **Form sentences.**

1. bú yào   nǐ   tài   kāfēi   hē   duō
   1   2   3   4   5   6

_____

2. bìng   le   tā   tīngshuō
   1   2   3   4

_____

3. biéde   nǐ   kěyǐ   ma   shíjiān
   1   2   3   4   5

_____

4. xiǎng   kàn   biéde   yíxià   shū   wǒ
   1   2   3   4   5   6

_____

5. shēng   shénme   tā   bìng   le
   1   2   3   4   5

_____

6. chē   qǐng   tíng   bú yào   zhèlǐ   zài
   1   2   3   4   5   6

_____

III. Please translate the following sentences into Chinese.

1. Do you want anything else?

   _____

2. It's a secret. Do not tell other people.

   _____

3. Because he was ill, so he didn't go to the office today.

   _____

4. This book is very difficult, I'd like to change another one.

   _____

5. Don't call me when I am busy.

   _____

6. I don't know she still has another phone.

   _____

He Is Answering the Phone

Welcome to Elementary Level Five, Lesson Eight of **ChineseAny** podcast series teaching Mandarin Chinese. Today we will learn three words: one helping word, one verb and one adjective. Let's see them now.

The 1st helping word is "*zhèngzài* 正在".

正在
[zhèngzài]
to be doing   helping word

"*zhèngzài* 正在" means "be doing". It's a helping word. We usually use it before the verb, and tell you it is in the present continuous tense.

正在 [zhèngzài]
正 [zhèng] + Verb = be doing
在 [zài]

You may also use "*zhèng* 正" or "*zài* 在" alone.
- "*zhèngzài chī fàn* 正在吃饭", having meal.
- "*zhèngzài xuéxí* 正在学习", studying.
- "*zhèngzài kāi huì* 正在开会", having meeting.

For example:
- 他们正在上汉语课。[Tāmen zhèngzài shàng Hànyǔ kè]
  They are having a Chinese class.
- 他们在找什么？[Tāmen zài zhǎo shénme]

What are they looking for?

- 她现在正在换衣服。［Tā xiànzài zhèngzài huàn yīfu］
  She is changing her clothes now.
- 他正在打网球。［Tā zhèngzài dǎ wǎngqiú］
  He is playing tennis.
- 你在做什么？［Nǐ zài zuò shénme］
  What are you doing?

OK, the 2nd character is "*jiē* 接".
"*jiē* 接" has two meanings in Chinese.
One is "to pick up（person）"; The other
one is "to answer（the phone）".

接
［jiē］
to pick up（the person）　verb
to answer（the phone）　verb

For example：

- 上课的时候，不可以接电话。
  ［Shàng kè de shíhou, bù kěyǐ jiē diànhuà］
  You cannot answer the phone when you are having a class.
- 我不想接他的电话。［Wǒ bù xiǎng jiē tā de diànhuà］
  I don't want to pick up his phone.
- 明天我去机场接朋友。［Míngtiān wǒ qù jīchǎng jiē péngyou］
  Tomorrow I will go to the airport to pick up my friends.
- 你可以来我家接我吗？［Nǐ kěyǐ lái wǒ jiā jiē wǒ ma］
  Could you come to my home to pick me up?
- 明天你去接谁？［Míngtiān nǐ qù jiē shuí］
  Who are you going to pick up tomorrow?

OK, the 3rd vocabulary is "*shūfu* 舒服". "*shūfu* 舒服" means "comfortable", you can put the degree adverb before it.

舒服
［shūfu］
comfortable　adjective

Let's see some examples,

- 你觉得哪里不舒服？ [Nǐ juéde nǎlǐ bù shūfu]

  Where do you feel uncomfortable?

- 今天我觉得有点儿不舒服。 [Jīntiān wǒ juéde yǒudiǎnr bù shūfu]

  Today I feel a little uncomfortable.

- 这件衣服很舒服，也很漂亮。

  [Zhè jiàn yīfu hěn shūfu, yě hěn piàoliang]

  This clothes is very comfortable, and is also very beautiful.

- 我不舒服，因为昨天没睡觉。

  [Wǒ bù shūfu, yīnwèi zuótiān méi shuìjiào]

  I am uncomfortable, because I did not sleep at all yesterday.

- 坐在这里太舒服了。 [Zuò zài zhèlǐ tài shūfu le]

  Sitting here is too comfortable.

Great, let's make some examples to practice what we learned today.

- 外边正在下雨。

  [Wàibian zhèngzài xiàyǔ]

  It is raining outside.

- 他正在等他太太。

  [Tā zhèngzài děng tā tàitai]

  He is waiting for his wife.

- 他正在开会，不可以接电话。

  [Tā zhèngzài kāi huì, bù kěyǐ jiē diànhuà]

  He is in the meeting, cannot answer the phone.

● 我觉得这个房间不舒服，太冷了。
[Wǒ juéde zhè ge fángjiān bù shūfu, tài lěng le]
I feel this room is uncomfortable, It's too cold.

● 因为我不舒服，所以今天在家工作。
[Yīnwèi wǒ bù shūfu, suǒyǐ jīntiān zài jiā gōngzuò]
I am uncomfortable, so I work at home today.

Great, so that wraps up today's lesson. Hope you have learned something there. Download our app to access our Chinese lessons, remember you can learn Chinese anywhere, anytime with **ChineseAny**.

○ Word List

Main Vocabulary		
正在[zhèngzài] be doing	接[jiē] to pick up (the person) to answer (the phone)	舒服[shūfu] comfortable

○ Notes

The helping word is " 正在[zhèngzài] "

正在[zhèngzài]
正[zhèng] } + **verb**
在[zài]

E. g. ① 爸爸正在看报纸。[Bàba zhèngzài kàn bàozhǐ]

Father is reading a newspaper.

② 孩子们正在睡觉。[Háizi men zhèngzài shuìjiào]

The children are sleeping.

③ 她现在正在听音乐。[Tā xiànzài zhèngzài tīng yīnyuè]

She is listening to the music now.

④ 他正在写汉字。[Tā zhèngzài xiě Hànzì]

He is writing Chinese characters.

Quiz

I. Pronunciation.

1. Please choose the initials or finals you heard.

1) A. zhèngzài   B. zhènzāi

2) A. jiēsòng   B. jiēzhòng

3) A. chūshēn   B. chūshēng

4) A. chípàn   B. qīpàn

5) A. xiàyǔ   B. xiàwǔ

6) A. cǎisè   B. cāicè

2. Please choose the Pinyin you heard.

1) A. tài nán le   B. tài lán le

2) A. bú yào fàng   B. bú yào fán

3) A. tā hěn kèqi   B. tā hěn kě qì

4) A. wǒ zài kàn shū   B. wǒ zài kǎn shù

5) A. tā kāi yàofāng   B. tā kāi yàofáng

6) A. tā zài Shānxī   B. tā zài Shǎnxī

II. Form sentences.

1. zhèngzài   wǒ   Hànyǔ   xuéxí
    1   2   3   4

_____

2. nǐ   qù   shénme   jiē   háizi   shíhou
   1   2   3   4   5   6

_____

3. tā   bù   juéde   yǒudiǎnr   shūfu
   1   2   3   4   5

_____

4. děng   tāmen   zhèngzài   gōngchē
    1   2   3   4

_____

5. péngyou   zhèngzài   zhǎo   wǒ   gōngzuò   de
    1   2   3   4   5   6

_____

6. wǒ   gōngchē   qù   zhàn   péngyou   jiē
   1   2   3   4   5   6

_____

III. Please translate the following sentences into Chinese.

1. He is drinking coffee with his friend.

_____

2. I am not watching a movie. I am reading a book.

_____

3. The kid was ill, he feels uncomfortable.

_____

4. Where are you going to pick up your families?

_____

5. My mother helps me to pick up my daughter everyday.

_____

6. This piece of clothes is too comfortable.

_____

How Are You Recently

Welcome to Elementary Level Five, Lesson Nine of our **ChineseAny** podcast series teaching Mandarin Chinese. Today we will learn three words: one adverb and two nouns. Let's look at them now.

The 1st adverb is "*zuì* 最". "*zuì* 最" means "the best", the highest level. It can describe an adjective or a verb that conveys emotion (like, think, love ...).

最
[zuì]
best   adverb

Let's look at some adjectives, which we normally add the "*zuì* 最".
- "*zuì rè* 最热", the hottest. "*zuì lěng* 最冷", the coldest.
- "*zuì gāo* 最高", the highest. "*zuì jìn* 最近", the closest.
- "*zuì zhòng* 最重", the heaviest. "*zuì cháng* 最长", the longest.
- "*zuì dà* 最大", the biggest. "*zuì hǎo* 最好", the best.
- "*zuì kuài* 最快", the fastest. "*zuì màn* 最慢", the slowest.

Now, let's look at some verbs, which we normally add the "*zuì* 最".
- "*zuì xǐhuan* 最喜欢", most like to.
- "*zuì ài* 最爱", most love to.
- "*zuì xiǎng* 最想", most want to.

For example:
- 她是我最好的朋友。[Tā shì wǒ zuì hǎo de péngyou]
  She is my best friend.

- 我最喜欢那个咖啡。[Wǒ zuì xǐhuan hē nà ge kāfēi]

  I like to drink that coffee most.

- 我最想去北京。[Wǒ zuì xiǎng qù Běijīng]

  I want to go to Beijing most.

- 那个颜色最漂亮。[Nà ge yánsè zuì piàoliang]

  That color is the most beautiful one.

OK, the 2nd character is "*zuìjìn 最近*", "*zuìjìn 最近*" means "recently". We have already learned that "*jìn 近*" means "near or closed" and "*zuì 最*" means "the most". Put them together, you get "the closest time".

So "*zuìjìn 最近*" means "recently". Also you may separate it "*zuì jìn de 最近的* + noun*" to express the most closed something in distance. We also can translate it "the nearest …".

最近
[zuìjìn]
recently   noun

最 + 近的 + Noun
[zuì] [jìn de]
the most   closed

Let's see some examples：

- 最近我很喜欢学习汉语。[Zuìjìn wǒ hěn xǐhuan xuéxí Hànyǔ]

  Recently I have enjoyed studying Chinese.

- 最近我们都很忙。[Zuìjìn wǒmen dōu hěn máng]

  Recently we all have been very busy.

- 最近我不在上海。[Zuìjìn wǒ bú zài Shànghǎi]

  Recently I have been not in Shanghai.

- 师傅，我们去最近的地铁站。

  [Shīfu, wǒmen qù zuì jìn de dìtiě zhàn]

  Driver, we're going to the closest subway station.

OK, the 3rd word is "*shēntǐ 身体*".
"*shēntǐ 身体*" means "body, health".

| 身体 |
| [shēntǐ] |
| body, health noun |

Let's look at some examples：

- 你的身体怎么样? [Nǐ de shēntǐ zěnmeyàng]
  How is your health?

- 他的身体一直不好。[Tā de shēntǐ yìzhí bù hǎo]
  His health has always been poor.

- 她觉得身体不舒服，想在家休息。
  [Tā juéde shēntǐ bù shūfu, xiǎng zài jiā xiūxi]
  She felt ill; she wanted to rest at home.

- 他的身体马马虎虎。[Tā de shēntǐ mǎmǎ hūhū]
  His health is just so-so.

- 他的身体很热，生病了吧? [Tā de shēntǐ hěn rè, shēngbìng le ba]
  His body is hot, did he get sick?

Great, let's make some examples to practice what we have learned today.

- 那个饭店的东西最好吃。
  [Nà ge fàndiàn de dōngxi zuì hǎochī]
  The food in that restaurant is the most delicious.

- 我最不喜欢吃面包。
  [Wǒ zuì bù xǐhuan chī miànbāo]
  I do not like eating bread most.

● 你妈妈最近身体好吗?

[Nǐ māma zuìjìn shēntǐ hǎo ma]

Has your mom's health been well recently?

● 我最近正在学习汉语。

[Wǒ zuìjìn zhèngzài xuéxí Hànyǔ]

I have been studying Chinese recently.

Great, so that wraps up today's lesson. Hope you have learned something there. Download our app to access our Chinese lessons, remember you can learn Chinese anywhere, anytime with **ChineseAny**.

Word List

Main Vocabulary		
最[zuì] best	最近[zuìjìn] recently	身体[shēntǐ] body/health

Notes

The adverbs of degree "最[zuì]"

最[zuì] + verb/adjective

E. g. ① 这些是我最喜欢吃的水果。

[Zhèxiē shì wǒ zuì xǐhuan chī de shuǐguǒ]

These are my favorite fruits.

② 他最喜欢看这本书。[Tā zuì xǐhuan kàn zhè běn shū]

He likes to read this book most.

③ 我觉得红茶最好喝。［Wǒ juéde hóngchá zuì hǎohē］

I think black tea tastes best.

④ 那个房间最大。［Nà ge fángjiān zuì dà］

That room is the biggest.

Quiz

I. Pronunciation.

1. Please choose the initials or finals you heard.

1) A. zànshí   B. zhǎnshì

2) A. shēntǐ   B. shēngqì

3) A. huǒchē   B. huòzhě

4) A. chūxí   B. chúxī

5) A. běifāng   B. běifēng

6) A. bù xíng   B. bú xìn

2. Please choose the Pinyin you heard.

1) A. kàn le qī yè   B. kàn le jǐ yè

2) A. zhèngzài xuéxí   B. zhèngzài xiūxi

3) A. tā hěn xǐhuan   B. tā hěn xíguàn

4) A. ài chī xiányú   B. ài chī xiānyú

5) A. búyào cǎi huā   B. búyào zhāi huā

6) A. yìzhí hěn zǎo   B. yìzhí hěn chǎo

II. Form sentences.

1. juéde   wǒ   běn   zhè   shū   hǎo   zuì

     1   2   3   4   5   6   7

2. zuì   chī   miàntiáo   wǒ   xǐhuan
   1   2   3   4   5

_____

3. tāmen   xǐhuan   zuì   kāihuì   bù
   1   2   3   4   5

_____

4. wǒ   zuìjìn   māma   zhèngzài   Yīngyǔ   xuéxí
   1   2   3   4   5   6

_____

5. zuìjìn   qù   le   Shànghǎi   wǒmen
   1   2   3   4   5

_____

6. dōu   tāmen   de   hěn   hǎo   shēntǐ
   1   2   3   4   5   6

_____

III. Please translate the following sentences into Chinese.

1. We are all busy, but I am the busiest.

_____

2. This room is the largest.

_____

3. Recently the weather is very nice.

_____

4. Recently I often play PingPong with my friend.

_____

5. I'm not feeling very well today.

_____

6. Mother and child are all in good health.

_____

I Do Not Know It Before

Welcome to Elementary Level Five, Lesson Ten of our **ChineseAny** podcast series teaching Mandarin Chinese. Today we will learn three words: two nouns and one verb. Let's look at them now.

The 1st noun is "*yǐqián* 以前", "*yǐqián* 以前" means "before, ago, in the past".

以前
[yǐqián]
before, ago   noun

We learned the antonym of "*qián* 前" before, which is "*hòu* 后", after. So the antonym of "*yǐqián* 以前" is "*yǐhòu* 以后", means "after or later". In Chinese, there is a saying: "we can see the past, we cannot see the future."

以后
[yǐhòu]
after, later   noun

Normally we use a time word or a sentence before "*yǐqián* 以前" or "*yǐhòu* 以后" to express "before the time, the time ago, or after the time, the time later".
For example:

TIME + 以前/以后
[yǐqián] [yǐhòu]

- 一个小时以前。[Yí gè xiǎoshí yǐqián]
  One hour ago.

● 你吃晚饭以前。[Nǐ chī wǎnfàn yǐqián]

Before you have dinner.

● 三点以后。[Sān diǎn yǐhòu]

After three o'clock.

● 她来上海以后。[Tā lái Shànghǎi yǐhòu]

After she came to Shanghai.

Let's see some examples,

● 以前我不喜欢喝咖啡。[Yǐqián wǒ bù xǐhuan hē kāfēi]

I did not like to drink coffee before. " (but it changed now)

● 三年以前我们去过那里。[Sān nián yǐqián wǒmen qù guo nàlǐ]

We was there three years ago.

● 以后我告诉你为什么。[Yǐhòu wǒ gàosu nǐ wèi shénme]

Later I will tell you why.

● 来中国以前，我不吃早饭。

[Lái Zhōngguó yǐqián，wǒ bù chī zǎofàn]

Before coming to China, I have never eaten breakfast.

● 来中国以后，我学习了很多汉语。

[Lái zhōngguó yǐhòu，wǒ xuéxí le hěn duō Hànyǔ]

I studied a lot of Chinese after I came to China.

Great, let's see the 2nd vocabulary, "*wèntí 问题*". "*wèn 问*" means "to ask", "*tí 题*" means "question or topic". "*wèntí 问题*" has two meanings in Chinese. One is question, the other is problem.

问题
[wèntí]
question／problem   noun

● So "ask question" in Chinese is "*wèn wèntí 问问题*"

● "have question" in Chinese is "*yǒu wèntí 有问题*"

The measure word for "*wèntí 问题*" is "*gè 个*".

- "One question" in Chinese is "*yí gè wèntí* 一个问题"
- "There is no problem" in Chinese should be "*méi（yǒu）wèntí* 没（有）问题", you may use it to answer questions that you agree. And normally the "*yǒu* 有" is always omitted.

For example：

- A：我们吃中国饭，可以吗? ［Wǒmen chī Zhōngguó fàn，kěyǐ ma］
  We will eat Chinese food，is that OK?
  B：没问题。［Méi wèntí］
  No problem.

- 我觉得很好，没问题。［Wǒ juéde hěn hǎo，méi wèntí］
  I think it's very good，no problem.

- 我可以问你一个问题吗? ［Wǒ kěyǐ wèn nǐ yí gè wèntí ma］
  May I ask you a question?

- 我有很多问题想问老师。
  ［Wǒ yǒu hěn duō wèntí xiǎng wèn lǎoshī］
  I have many questions to ask the teacher.

OK, let's learn the 3rd one, "*yóuyǒng* 游泳", means "to swim". "*yóu* 游" is a verb, means "to swim", "*yǒng* 泳" is a noun, means "swim". So you may also say "*yóu* 游" alone as the simple version.

游泳
［yóuyǒng］
to swim verb

For example：

- 你会游泳吗? ［Nǐ huì yóuyǒng ma］
  Can you swim?

- 我每天游一次泳。［Wǒ měitiān yóu yí cì yǒng］
  I swim once a day.

- 你常常去哪儿游泳? [Nǐ chángcháng qù nǎr yóuyǒng]
  Where do you go swimming often?

- 他每天游泳,所以身体很好。[Tā měitiān yóuyǒng, suǒyǐ shēntǐ hěn hǎo]
  He swims everyday, so he is very healthy.

Now, let's come up with some examples to practice what we learned today.

- 吃饭以前请洗手。
  [Chī fàn yǐqián qǐng xǐ shǒu]
  Please wash your hands before eating.

- 来上海以后,我很喜欢看电影。
  [Lái Shànghǎi yǐhòu, wǒ hěn xǐhuan kàn diànyǐng]
  I liked watching movies after I came to Shanghai.

- 星期天我们可以去游泳。
  [Xīngqītiān wǒmen kěyǐ qù yóuyǒng]
  We can go swimming on Sunday.

- 没问题,我帮你买书。
  [Méi wèntí, wǒ bāng nǐ mǎi shū]
  No problem, I help you to buy the book.

Great, so that wraps up today's lesson. Hope you have learned something there. Download our app to access our Chinese lessons, remember you can learn Chinese anywhere, anytime with **ChineseAny**.

Word List

Main Vocabulary		
以前[yǐqián] before	问题[wèntí] question, problem	游泳[yóuyǒng] to swim
Additional Vocabulary		
以后[yǐhòu] later, after		

Notes

以前[yǐqián]**& 以后**[yǐhòu]

E. g. ① 以前我不住在这儿。[Yǐqián wǒ bú zhù zài zhèr]

I did not live here before.

② 以前我学过一点儿汉语。[Yǐqián wǒ xué guo yìdiǎnr Hànyǔ]

I have learned a little Chinese before.

③ 两天以后我要去北京。[Liǎng tiān yǐhòu wǒ yào qù Běijīng]

Two days later I will go to Beijing.

④ 以后我告诉你怎么坐公车。

[Yǐhòu wǒ gàosu nǐ zěnme zuò gōngchē]

Later I will tell you how to take the bus.

⑤ 来中国以前，我不喝茶。[Lái Zhōngguó yǐqián, wǒ bù hē chá]

Before coming to China, I don't drink tea.

⑥ 睡觉以前，我喜欢看书。[Shuìjiào yǐqián, wǒ xǐhuan kàn shū]

I like reading books before I go to bed.

⑦ 来中国以后，我没有看过电影。

［Lái zhōngguó yǐhòu, wǒ méiyǒu kàn guo diànyǐng］

I haven't seen a movie since I came to China.

⑧ 来上海以后，我认识了很多中国朋友。

［Lái Shànghǎi yǐhòu, wǒ rènshi le hěn duō Zhōngguó péngyou］

I knew a lot of Chinese friends after I came to Shanghai.

Quiz

I. Pronunciation.

1. Please choose the initials or finals you heard.

1) A. yǐqián   B. yìqiān

2) A. wèntí   B. wéntǐ

3) A. yóuyǒng   B. yǒuyòng

4) A. yìbiān   B. yǐbiàn

5) A. dàxiào   B. dàxiǎo

6) A. yǐhòu   B. qìhòu

2. Please choose the Pinyin you heard.

1) A. shàngkè yǐqián   B. shàngkè yì tiān

2) A. zhè ge shìyàng bù hǎo   B. zhè ge shìyàn bù hǎo

3) A. nǐ kàn guo zázhì ma   B. nǐ kàn guo zájì ma

4) A. chī wán fàn yǐhòu   B. chī wǎnfàn yǐhòu

5) A. yóu le hěn cháng shíjiān   B. yǒu le hěn cháng shíjiān

6) A. zài nǎlǐ yóuyǒng   B. zài nàlǐ yóuyǒng

II. Form sentences.

1.　lái　　Zhōngguó　　wǒ　　guo　　méi　　yǐqián　　xué　　Hànyǔ
　　1　　　　2　　　　　3　　　4　　　5　　　6　　　7　　　8

_____

2.　wǒ　　yǐqián　　xiǎng　　hē　　yì　　niúnǎi　　shuìjiào　　bēi
　　1　　　2　　　　3　　　4　　5　　　6　　　　7　　　　8

_____

3.　wǒ　　hěn　　duō　　háizi　　chángcháng　　wèntí　　wèn
　　1　　2　　　3　　　4　　　　5　　　　　6　　　7

_____

4.　xià　　yǐhòu　　qù　　wǒ　　kè　　shàng bān
　　1　　　2　　　3　　4　　5　　　6

_____

5.　yǐyòu　　zuò　　wǎnfàn　　wǒ　　jiā　　huí
　　1　　　2　　　3　　　　4　　5　　6

_____

6.　wǒ　　huì　　bú　　yǐqián　　yóuyǒng
　　1　　2　　3　　　4　　　　5

_____

III. Please translate the following sentences into Chinese.

1. I don't like Chinese food before I came to China.

_____

2. Where do you like to go for swimming?

_____

3. Let's go and drink beer after work.

_____

4. I want to go to America one month later.

_____

5. This question is too difficult.

_____

6. How long can you swim?

_____

I Am Taller than Her

Welcome to Elementary Level Five, Lesson Eleven of our **ChineseAny** podcast series teaching Mandarin Chinese. Today we will learn three words: one preposition and two adjectives.

The 1st preposition is "*bǐ* 比". "*bǐ* 比" has two meanings in Chinese,

> As a **preposition**, it means "than".

It is normally used to compare two things.

> As a **verb**, it means "to compare".

比
[bǐ]
than   preposition

Please pay attention to the format.

A + 比[bǐ] + B + Adjective

A + 比 + B + Adjective
[bǐ]
A is adj. + "er" than B.

For example:
- 我的先生比我大。[Wǒ de xiānsheng bǐ wǒ dà]
  My husband is older than me.
- 他的汉语比我的好。[Tā de Hànyǔ bǐ wǒ de hǎo]
  He speaks Chinese better than me.
- 这个菜比那个菜好吃。[Zhè ge cài bǐ nà ge cài hǎochī]
  This dish is more delicious than that one.
- 上海比哈尔滨热。[Shànghǎi bǐ Hā'ěrbīn rè]
  Shanghai is hotter than Harbin.

When you want to express the degree of the adjective, you should put them after the adjective.

The format is

A + 比[bǐ] + B + Adjective + 得多[de duō]

> A + 比 + B + Adjective + 得多
>   [bǐ]   [de duō]
> A is much (more) + adj + "er" than B.

A + 比[bǐ] + B + Adjective + 一点儿[yìdiǎnr]

> A + 比 + B + Adjective + 一点儿
>   [bǐ]   [yìdiǎnr]
> A is a little bit + adj + "er" than B.

For example：

- 坐飞机比坐火车快得多。[Zuò fēijī bǐ zuò huǒchē kuài de duō]
  Taking airplane is much faster than taking train.

- 今天比昨天冷得多。[Jīntiān bǐ zuótiān lěng de duō]
  Today is much colder than yesterday.

- 在家吃比去饭店便宜一点儿。[Zài jiā chī bǐ qù fàndiàn piányi yìdiǎnr]
  Eating at home is a little cheaper than going to restaurant.

- 我家比你家远一点儿。[Wǒ jiā bǐ nǐ jiā yuǎn yìdiǎnr]
  My home is a little further than yours.

OK, the 2nd character is "*xīn* 新". "*xīn* 新" means "new". "*xīn* 新" is used to describe a noun. We may use "*de* 的" between them or be omitted sometimes.

> 新
> [xīn]
> new   adjective

For example：

- 新年[xīnnián]

  new year

- 新人[xīn rén]

  green hand or new hire

- 新书[xīn shū]

  new book

- 这是我们的新问题。[Zhè shì wǒmen de xīn wèntí]

  This is our new problem.

- 这件衣服比那件衣服新。[Zhè jiàn yīfu bǐ nà jiàn yīfu xīn]

  This piece of clothes is newer than that one.

- 来中国以后，我认识了很多新朋友。

  [Lái Zhōngguó yǐhòu, wǒ rènshi le hěn duō xīn péngyou]

  I met many new friends after I came to China.

- 我们去那个新的咖啡店吧。[Wǒmen qù nà ge xīn kāfēi diàn ba]

  Let's go that new coffee shop.

OK, the 3rd word is "*zhòngyào* 重要".
"*zhòngyào* 重要" means "important". When
we describe the noun, normally we use "*de*
的" before the noun.

重要
[zhòngyào]
important   adjective

For example：

- 重要的会[zhòngyào de huì]

  important meeting

- 重要的问题[zhòngyào de wèntí]

  important problem

- 重要的电话[zhòngyào de diànhuà]

  important call

- 我想这个会很重要。[Wǒ xiǎng zhè ge huì hěn zhòngyào]
I think this meeting is very important.

- 家人比工作重要。[Jiārén bǐ gōngzuò zhòngyào]
Families are more important than work.

- 你觉得什么最重要? [Nǐ juéde shénme zuì zhòngyào]
What do you think is the most important?

Great, let's come up with some examples to practice what we learned today.

- 这个颜色比那个颜色好看一点儿。
[Zhè ge yánsè bǐ nà ge yánsè hǎokàn yìdiǎnr]
This color is a little nicer than that one.

- 苹果六比苹果五大一点儿。
[Píngguǒ liù bǐ píngguǒ wǔ dà yìdiǎnr]
Iphone 6 is a little bigger than iphone 5.

- 他是我们公司的新人。
[Tā shì wǒmen gōngsī de xīn rén]
He is new to our company.

- 孩子喜欢看书很重要。
[Háizi xǐhuan kàn shū hěn zhòngyào]
It is very important that children like to read books.

Great, so that wraps up today's lesson. Hope you have learned something there. Download our app to access our Chinese lessons, remember you can learn Chinese anywhere, anytime with **ChineseAny**.

Word List

Main Vocabulary		
比[bǐ] than	新[xīn] new	重要[zhòngyào] important
Additional Vocabulary		
新年[xīnnián] New Year	新人[xīn rén] new person/green hand/new hire	新书[xīn shū] new book

Notes

Compare sentence：we have three structures

◇ **A + 比[bǐ] + B + Adjective —— A is adj. + "er" than B.**

E. g. ① 咖啡比茶贵。[Kāfēi bǐ chá guì]

Coffee is more expensive than tea.

② 地铁比出租车快。[Dìtiě bǐ chūzūchē kuài]

Subway is faster than taxi.

③ 这个房间比那个房间大。[Zhè ge fángjiān bǐ nà ge fángjiān dà]

This room is bigger than that one.

◇ **A + 比[bǐ] + B + Adjective + 得多[de duō] —— A is much (more) + adj. + "er" than B.**

E. g. ① 星期一比星期天忙得多。[Xīngqīyī bǐ xīngqītiān máng de duō]

Monday is much busier than Sunday.

② 地铁比出租车快得多。[Dìtiě bǐ chūzūchē kuài de duō]

Subway is much faster than taxi.

③ 他的汉语比我的好得多。[Tā de Hànyǔ bǐ wǒ de hǎo de duō]

His Chinese is much better than mine.

◇ **A + 比**[bǐ] **+ B + Adjective + 一点儿**[yìdiǎnr] —— **A is a little bit + adj + "er" than B.**

E. g. ① 今天比昨天热一点儿。[Jīntiān bǐ zuótiān rè yì diǎnr]

Today is a little hotter than yesterday.

② 汉语比英语难一点儿。[Hànyǔ bǐ Yīngyǔ nán yì diǎnr]

Chinese is a little more difficult than English.

③ 这件衣服比那件衣服便宜一点儿。

[Zhè jiàn yīfu bǐ nà jiàn yīfu piányi yìdiǎnr]

This clothes is a little cheaper than that one.

Quiz

I. Pronunciation.

1. Please choose the initials or finals you heard.

   1) A. bǐjiào　　　　　　　B. jìjiào

   2) A. xīnrén　　　　　　　B. xìnrèn

   3) A. zhòngyào　　　　　　B. zhōngyào

   4) A. rèqíng　　　　　　　B. rènqīng

   5) A. piányi　　　　　　　B. biànyì

   6) A. qínkuài　　　　　　　B. qīngkuài

2. Please choose the Pinyin you heard.

   1) A. zhè ge bǐ nà ge hǎo　　　B. zhè ge bǐ nà ge hòu

   2) A. xīn méitǐ　　　　　　　B. xīn wèntí

   3) A. shēntǐ zhòngyào　　　　B. shēngyì zhòngyào

4) A. méiyǒu shēngqì   B. méiyǒu shēngyì

5) A. zǎoshang jiǔ diǎn   B. zǎoshang liù diǎn

6) A. zhù zhè ge fángjiān   B. zū zhè ge fángjiān

II. Form sentences.

1. Zhōngguó   dà   de   Dānmài   duō   bǐ
      1   2   3   4   5   6

   _____

2. bǐ   wǒ   tā   gāo
    1   2   3   4

   _____

3. péngyou   wǒ   nǚ   xīn   mǎi   xǐhuan   yīfu
      1   2   3   4   5   6   7

   _____

4. wǒmen   xīnnián   xǐhuan   de   Zhōngguó   hěn
     1   2   3   4   5   6

   _____

5. nàlǐ   yǒu   xīn   shāngdiàn   yí   gè   tīngshuō
     1   2   3   4   5   6   7

   _____

6. juéde   wǒ   chá   bǐ   kāfēi   hǎohē
     1   2   3   4   5   6

   _____

III. Please translate the following sentences into Chinese.

1. This room is bigger than that room.

   _____

2. Taking bus is cheap, but take train is much faster.

   _____

3. The Chinese New Year is very important in China.

_____

4. Your new car is very nice.

_____

5. I think family is more important than work.

_____

6. The population of Shanghai is more than that of Beijing.

_____

Let Me Introduce

Welcome to Elementary Level Five, Lesson Twelve of our **ChineseAny** podcast series teaching Mandarin Chinese. Today we will learn three words: one adverb, one verb and one pronoun.

The 1st adverb is "*jīngcháng 经常*". "*jīngcháng 经常*" means "often". It needs to be placed after the subject. You also can say "*chángcháng 常常*", or "*cháng 常*" alone, in oral language. The negative form is "*bù cháng 不常*", means "not often".

经常
[jīngcháng]
often   adverb

Subject + 经常 + Verb
[jīngcháng]

Let's look at some examples,

- 在中国的时候,我经常吃中国饭。
  [Zài Zhōngguó de shíhou, wǒ jīngcháng chī Zhōngguó fàn]
  I ate Chinese food quite often when I was in China.
- 中国人经常晚饭以后喝绿茶。
  [Zhōngguó rén jīngcháng wǎnfàn yǐhòu hē lùchá]
  Chinese people often drink green tea after dinner.
- 你经常打网球吗? [Nǐ jīngcháng dǎ wǎngqiú ma]
  Do you play tennis often?
- 我不常去她家。[Wǒ bù cháng qù tā jiā]
  I do not go to her house often.

OK, the 2nd word is "*jièshào* 介绍".
"*jièshào* 介绍" means "to introduce".

For example：

介绍
[jièshào]
to introduce   verb

- 我介绍一下。[Wǒ jièshào yíxià]
  Let me introduce.
- 你可以介绍一下你的汉语老师吗?
  [Nǐ kěyǐ jièshào yíxià nǐ de Hànyǔ lǎoshī ma]
  Can you introduce your Chinese teacher?
- 你觉得他们介绍得怎么样? [Nǐ juéde tāmen jièshào de zěnmeyàng]
  How is their presentation in your opinion?
- 请介绍一下你的汉语名字。[Qǐng jièshào yíxià nǐ de Hànyǔ míngzi]
  Please introduce your Chinese name.

When we want to express "**A introduces B to C**" in Chinese, we
may say："*A gěi* 给 *B jièshào* 介绍 *C*"

A +给+ B +介绍+ C
[gěi]   [jièshào]
A   for   B   introduce   C
A introduce B to C

For example：
- 他昨天给我介绍了一个男朋友。
  [Tā zuótiān gěi wǒ jièshào le yí gè nán péngyou]
  He introduced a boyfriend to me yesterday.
- 我给你介绍一个好饭店。[Wǒ gěi nǐ jièshào yí gè hǎo fàndiàn]
  I recommend a good restaurant to you.
- 他想给我介绍一个新工作。
  [Tā xiǎng gěi wǒ jièshào yí gè xīn gōngzuò]
  He wants to introduce a new job to me.

- 他给我介绍了一个新秘书。［Tā gěi wǒ jièshào le yí gè xīn mìshū］
  He introduced a new secretary to me.

OK, the 3ʳᵈ character is " *xiàng 向* ".
" *xiàng 向* " means "towards, to".
Normally we use it before a **verb** to
express the direction of the action.

向
[xiàng]
towards, to　preposition

For example：
- 向……问好［xiàng Sb. wèn hǎo］
  say hello to . . .
- 向……介绍［xiàng Sb. jièshào］
  introduce to . . .
- 向左拐［xiàng zuǒ guǎi］
  turn left . . .
- 向右拐［xiàng yòu guǎi］
  turn right . . .

Let's look at some examples,
- 他向我卖红酒。［Tā xiàng wǒ mài hóngjiǔ］
  He sells red wine to me.
- 请向前走 300 米。［Qǐng xiàng qián zǒu sān bǎi mǐ］
  Please go ahead for 300 meters.
- 请帮我向你太太问好。［Qǐng bāng wǒ xiàng nǐ tàitai wèn hǎo］
  Please help me say hello to your wife.
- 请从这儿向右拐。［Qǐng cóng zhèr xiàng yòu guǎi］
  Please turn right from here.

Great, let's make some examples to practice what we learned today.

- 老师给我们介绍了这本书。

  [Lǎoshī gěi wǒmen jièshào le zhè běn shū]

  Teacher introduced this book to us.

- 周末你经常去哪里?

  [Zhōumò nǐ jīngcháng qù nǎlǐ]

  Where do you usually go on weekend?

- 师傅,我们前边向左拐。

  [Shīfu, wǒmen qiánbian xiàng zuǒ guǎi]

  Driver, we go straight and turn left.

- 我常常说:"对不起,我听不懂"。

  [Wǒ chángcháng shuō "duìbuqǐ, wǒ tīng bu dǒng"]

  I often say: "sorry, I do not understand."

Great, so that wraps up today's lesson. Hope you have learned something there. Download our app to access our Chinese lessons, remember you can learn Chinese anywhere, anytime with *ChineseAny*.

Word List

Main Vocabulary		
经常 [jīngcháng] often	介绍 [jièshào] to introduce	向 [xiàng] towards, to
Additional Vocabulary		
常 [cháng] often	常常 [chángcháng] often	不常 [bùcháng] not often

◯ **Notes**

1. **The adverb 经常**[jīngcháng]

   Subject + 经常[jīngcháng] **+ verb**

   E. g. ① 我经常给妈妈打电话。[Wǒ jīngcháng gěi māma dǎ diànhuà]

   I often call my mom.

   ② 他经常走路去公司。[Tā jīngcháng zǒulù qù gōngsī]

   He often goes to company on foot.

   ③ 你经常看英语报纸吗？[Nǐ jīngcháng kàn Yīngyǔ bàozhǐ ma]

   Do you read English newpapers?

   ④ 他经常生病。[Tā jīngcháng shēngbìng]

   He often gets sick.

2. **The preposition 向**[xiàng]

   向[xiàng] **+ Sb/Noun of locality + verb**

   E. g. ① 师傅，请一直向前开。[Shīfù, qǐng yìzhí xiàng qián kāi]

   Driver, drive straight please.

   ② 向你家人问好。[Xiàng nǐ jiārén wèn hǎo]

   Say hello to your families.

   ③ 我向你们介绍一下这个公司。

   [Wǒ xiàng nǐmen jièshào yíxià zhè ge gōngsī]

   Let me introduce this company to you all.

◯ **Quiz**

I. Pronunciation.

   1. Please choose the initials or finals you heard.

1) A. jīngcháng　　　　　B. jīchǎng

2) A. jièshào　　　　　　B. jiēshòu

3) A. shēnqǐng　　　　　B. shēnqíng

4) A. fāngxiàng　　　　　B. fāngxiāng

5) A. jiāoyóu　　　　　　B. jiāoliú

6) A. xiǎngliàng　　　　　B. shǎnliàng

2. Please choose the Pinyin you heard.

1) A. jièshào de bù duō　　B. zhīdào de bù duō

2) A. jīngcháng chūqù　　　B. jīngcháng chūjú

3) A. fàncài shóu le　　　　B. fàncài sōu le

4) A. wǒ yào dài píngguǒ　B. wǒ yào dà píngguǒ

5) A. tā fǎnwèn wǒ　　　　B. tā fǎngwèn wǒ

6) A. wǒ xǐhuan báiyín　　B. wǒ xǐhuan báiyún

II. Form sentences.

1. jièshào　　nǐ　　yíxià　　de　　qǐng　　míngzi
　　1　　　　2　　　3　　　4　　　5　　　6

_____

2. jīngcháng　　hē　　shénme　　nǐ　　chá
　　1　　　　　2　　　3　　　　4　　　5

_____

3. zǎofàn　　chángcháng　　wǒ　　miànbāo　　chī
　　1　　　　2　　　　　　3　　　4　　　　5

_____

4. wǒ　　cháng　　bù　　guó　　huí
　　1　　　2　　　3　　　4　　　5

_____

5. tā　　jièshào　　xiàng　　Shànghǎi　　wǒmen
　　1　　　2　　　3　　　4　　　　5

_____

6. <u>cóng</u>   <u>xiàng</u>   <u>yòu</u>   <u>zhèlǐ</u>   <u>guǎi</u>
    1   2   3   4   5

_____

III. Please translate the following sentences into Chinese.

1. Do you often take the bus in China?

_____

2. I do not speak Chinese often at home.

_____

3. My friend introduced many good shops to me.

_____

4. He said sorry to me.

_____

5. Please help me to say hello to your families.

_____

6. Please look for the right way.

_____

It May Rain Today

Welcome to Elementary Level five, Lesson Thirteen of our **ChineseAny** podcast series teaching Mandarin Chinese. Today we will learn three new words: one modal verb and two verbs.

The 1ˢᵗ one, "*kěnéng 可能*", means may, maybe, possible. We use it before the **verb**, to express uncertainty. The negative form of "

可能
[kěnéng]
may/maybe/possible   modal verb

kěnéng 可能" is "*bù kěnéng 不可能*", which means "impossible". We can also say "*kěnéng bù 可能不*", but it means may not/maybe not.

For example:
- 今天可能下雨。[Jīntiān kěnéng xiàyǔ]
  It may rain today.
- 他可能不会骑自行车。[Tā kěnéng bú huì qí zìxíngchē]
  Maybe he cannot ride a bicycle.
- 他不可能会说汉语。[Tā bù kěnéng huì shuō Hànyǔ]
  It's impossible for him to speak Chinese.
- 今天他可能不来。[Jīntiān tā kěnéng bù lái]
  Maybe he is not coming today.

OK, let's look at the 2nd word "*xíguàn 习惯*", "*xíguàn 习惯*" has two meanings in Chinese.

习惯	
[xíguàn]	
be used to	verb
habit	noun

➢ As a **verb**, it means "be used to/be accustomed to".

For example：

● 我习惯每天早上读书。[Wǒ xíguàn měitiān zǎoshang dú shū]
I am used to reading every morning.

● 我不习惯吃上海菜。[Wǒ bù xíguàn chī Shànghǎi cài]
I'm not used to eating Shanghainese food.

● 在上海我还不习惯骑自行车。[Zài Shànghǎi wǒ hái bù xíguàn qí zìxíngchē]
I'm still not used to riding bicycle in Shanghai.

● 我习惯早一点儿睡觉。[Wǒ xíguàn zǎo yìdiǎnr shuìjiào]
I'm used to going to bed early.

➢ As a **noun**, it means "habit". You may say "*hǎo xíguàn 好习惯*".

For example：

● 以前我有一个不好的习惯。
[Yǐqián wǒ yǒu yí ge bù hǎo de xíguàn]
I used to have a bad habit before.

● 他有一个好习惯。[Tā yǒu yí ge hǎo xíguàn]
He has a good habit.

Great，now let's learn the 3rd word "*dài 带*". It means "to take, to bring".

带	
[dài]	
to take/bring	verb

Normally we may say " *dài* 带 + *something* ", or " *dài* 带 + *somebody/something* + *qù* 去 + *place* ".

> 带 + sb/sth + 去 + place
> [dài]　　　[qù]
> to take/bring something/somebody to some place

For example,

- 对不起,我忘了带书。[Duìbuqǐ, wǒ wàng le dài shū]

  Sorry, I forgot to bring my book.

- 我带女儿去书店了。[Wǒ dài nǚ'ér qù shūdiàn le]

  I took my daughter to the bookstore.

- 他带的钱比我的多。[Tā dài de qián bǐ wǒ de duō]

  He took more money than me.

You may also put some verbs after it.

For example：

- " *dài zǒu* 带走 " means " take away ".

- " *dài lái* 带来 " means " bring to ".

- " *dài qù* 带去 " means " take to ".

If the object is brought to the speaker, use " *dài lái* 带来 ".

However, if it is the opposite case, use " *dài qù* 带去 ". We will learn more about it later.

Let's see more examples,

- 他给我带来了很多汉语书。

  [Tā gěi wǒ dài lái le hěn duō Hànyǔ shū]

  He brought me many Chinese books.

- 你们在这里吃还是带走? [Nǐmen zài zhèlǐ chī háishi dài zǒu]

  Do you want to eat here or have take-out?

- 我带来了很多报纸,我们一起读一下吧。

［Wǒ dài lái le hěn duō bàozhǐ, wǒmen yìqǐ dú yíxià ba］
I brought many newspapers, let's read together.

Great, let's make some examples to practice what we have learned today.

● 明天可能下雨，不要忘了带衣服。
［Míngtiān kěnéng xiàyǔ, bú yào wàng le dài yīfu］
It may rain tomorrow, don't forget to take your clothes.

● 我已经习惯住在上海了。
［Wǒ yǐjīng xíguàn zhù zài Shànghǎi le］
I have already gotten used to living in Shanghai.

● 我习惯喝黑咖啡。
［Wǒ xíguàn hē hēi kāfēi］
I'm used to having black coffee.

● 我的朋友从美国给我带来了很多礼物。
［Wǒ de péngyou cóng Měiguó gěi wǒ dài lái le hěn duō lǐwù］
My friend brought me many presents from America.

Great, so that wraps up today's lesson. Hope you have learned something. Download our app to access our Chinese lessons, Come back for our next lesson and learn Chinese anywhere, anytime with **ChineseAny**.

Word List

Main Vocabulary		
可能[kěnéng] may/maybe/possible	习惯[xíguàn] to get used to; habit	带[dài] to take, bring
Additional Vocabulary		
不可能[bù kěnéng] impossible	可能不[kěnéng bù] maybe not	带去[dài qù] take to
带走[dài zǒu] take away	带来[dài lái] bring to	

Notes

1. **The Modal verb 可能**[kěnéng]

   ◇ **可能**[kěnéng] **+ verb**

   E.g. ① 他可能知道我叫什么名字。[Tā kěnéng zhīdào wǒ jiào shénme míngzi]

   He might know what my name is.

   ② 明天可能下雨。[Míngtiān kěnéng xiàyǔ]

   It may rain tomorrow.

   ③ 他可能想和你一起去。[Tā kěnéng xiǎng hé nǐ yìqǐ qù]

   He might want to go with you.

2. **可能**[kěnéng] **has two negative styles.**

   ◇ **可能不**[kěnéng bù] **maybe not + verb (part negative)**

   E.g. ① 他可能不喜欢喝中国茶。

［Tā kěnéng bù xǐhuan hē Zhōngguó chá］

He probably doesn't like to drink Chinese tea.

② 他们可能不知道你是谁。

［Tāmen kěnéng bù zhīdào nǐ shì shuí］

They probably don't know who you are.

③ 他可能不会说汉语。［Tā kěnéng bú huì shuō Hànyǔ］

He may not speak Chinese.

◇ **不可能**［bù kěnéng］impossible + verb — total negative

E. g. ① 他们不可能来过中国。［Tāmen bù kěnéng lái guo Zhōngguó］

They impossibly have been to China.

② 你们不可能是老师。［Nǐmen bù kěnéng shì lǎoshī］

You can't be a teacher.

③ 我们不可能给他钱。［Wǒmen bù kěnéng gěi tā qián］

We can't give any money to him.

Quiz

I. Pronunciation.

  1. Please choose the initials or finals you heard.

    1）A. kěnéng   B. kèchéng

    2）A. shǐguǎn   B. shìguǎn

    3）A. dài zǒu   B. dàitóu

    4）A. xià yǔ   B. xìyǔ

    5）A. huì shuō   B. huìsuǒ

    6）A. dú shū   B. dúchǔ

  2. Please choose the Pinyin you heard.

    1）A. kěnéng bú qù   B. kěnéng bú jù

    2）A. zhè ge xíguàn   B. zhè ge xīguǎn

3) A. dài nǐ qù   B. dài jìnqu
4) A. dài nǐ guān jíshì   B. dài nǐ guàng jíshì
5) A. wǒmen qù jīchǎng   B. wǒmen qù jùchǎng
6) A. wǒ wàng le dài shū   B. wǒ wàng le dài cù

II. Form sentences.

1. tā   kěnéng   lái   jīntiān   zhèlǐ
   1   2   3   4   5

   _____

2. tā   bù   zhīdào   nǎlǐ   zài   kěnéng
   1   2   3   4   5   6

   _____

3. xiǎng   dài   péngyou   wǒ   Yù yuán   qù
   1   2   3   4   5   6

   _____

4. tā   xíguàn   bù   Zhōngguó   fàn   chī
   1   2   3   4   5   6

   _____

5. jīntiān   wàng   dài   le   wǒ   shǒujī
   1   2   3   4   5   6

   _____

6. xīn   nǐ   dài lái   ma   le   yīfu   de
   1   2   3   4   5   6   7

   _____

III. Please translate the following sentences into Chinese.

   1. Maybe she likes the red one.

   _____

2. Maybe we will go to see a movie on this Sunday.

_____

3. It's impossible for him to know where my home is.

_____

4. I'd like to take away, thank you.

_____

5. It's a good habit.

_____

6. My mother gets used to sleeping early.

_____

I Can Speak Chinese

Welcome to Elementary Level Five, Lesson Fourteen of our **ChineseAny** podcast series teaching Mandarin Chinese. Today we will learn three words: one modal verb and two verbs.

The 1ˢᵗ modal verb is "*néng* 能". "*néng* 能", is a MODAL VERB, it means "can, may, be able to". "*néng* 能" is used to express ability or capability. In

| 能 |
| [néng] |
| may/can   modal verb |

Chinese sentences, it is usually used after the subject.

➤ For the negative form, you would say "*bù néng* 不能", which means "can't do something".

➤ For the interrogation, you would say "*néng* 能 + verb + ma 吗?" which means "Can you do something?".

For example:
- 我能喝五瓶啤酒。[Wǒ néng hē wǔ píng píjiǔ]
  I can drink five bottles of beer.
- 我不能喝白酒。[Wǒ bù néng hē báijiǔ]
  I can't drink alcohol.
- 你能看懂韩语书吗?[Nǐ néng kàn dǒng Hányǔ shū ma]
  Can you read Korean books?

- 你能告诉我密码吗？［Nǐ néng gàosu wǒ mìmǎ ma］
  Can you tell me the code?

We learned "*huì* 会" and "*kěyǐ* 可以" previously. "*néng* 能", "*huì* 会" and "*kěyǐ* 可以" can be all translated to "**can**".

Now let's look at the differences among the three words.

➢ "*néng* 能" and "*kěyǐ* 可以" both can be used to express permission.

For example：

- 我们能/可以在这里停车吗？
  ［Wǒmen néng/kěyǐ zài zhèlǐ tíng chē ma］
  Can we park our car here?
- 我可以坐在你的旁边吗？［Wǒ kěyǐ zuò zài nǐ de pángbiān ma］
  Can I sit beside you?

➢ "*huì* 会" is used to express one's mastery of a skill. It means "can/be good at".

For example：

- 你会游泳吗？［Nǐ huì yóuyǒng ma］
  Can you swim/Have you learned how to swim?
- 他会写很多汉字。［Tā huì xiě hěn duō Hànzì］
  He can write a lot of Chinese characters.

Let's summarize the information given above：

- "*kěyǐ* 可以" is for the opinion.
- "*néng* 能" is for the ability.
- "*huì* 会" is for the learning of a skill.

Great, let's move to the 2nd word "*ná* 拿". "*ná* 拿" means "to take, to hold, to bring". Usually you may say "*ná* 拿 + *something* ".

拿
[ná]
to take/hold/bring   verb

For example：

- 他拿了很多东西。[Tā ná le hěn duō dōngxi]
  He took many things.
- 请等一下儿,我去拿咖啡。[Qǐng děng yíxiàr, wǒ qù ná kāfēi]
  Please wait a moment, I'm going to bring coffee.

You may have noticed that you learned "*dài* 带" in lesson thirteen, which also means "to take, to bring". But it is used specifically to express "taking or bringing something along with somebody to some other place". And "*ná* 拿" normally means "to take by your hands", but "*dài* 带" emphasizes "to take with somebody". The Chinese character "拿" is consist of upper character "合" and lower character "手". The upper part means "closing", and lower part means "hand", so the whole character means "to take".

For example：

- 请给我拿一杯水。[Qǐng gěi wǒ ná yì bēi shuǐ]
  Please bring me a glass of water.
- 我忘了带英语书。[Wǒ wàng le dài Yīngyǔ shū]
  I forgot to bring my English book.

Great, let's look at the 3rd word "*huídá* 回答". "*huídá* 回答" is a verb and a noun,
    ➤ As the verb, it means "to answer,

回答	
[huídá]	
to answer, reply	verb
answer	noun

to reply".

➤ As the noun, it means "the answer".

You know "*huí* 回" means "to return", "*dá* 答" also means "to answer". To say "answer question" in Chinese is usually "*huídá wèntí* 回答问题".

For example,

- 我不知道怎么回答。[Wǒ bù zhīdào zěnme huídá]
  I don't know how to answer.
- 请回答我的问题。[Qǐng huídá wǒ de wèntí]
  Please answer my question.
- 你的回答错了。[Nǐ de huídái cuò le]
  Your answer is wrong.
- 你还没有回答我。[Nǐ hái méiyǒu huídá wǒ]
  You haven't answered me yet.

Let's make some examples to practice what we learned today.

- 我能游一百米。
  [Wǒ néng yóu yì bǎi mǐ]
  I can swim 100 meters.

- 我的朋友能说英语，法语和汉语。
  [Wǒ de péngyou néng shuō Yīngyǔ, Fǎyǔ hé Hànyǔ]
  My friend can speak English, French and Chinese.

● 这个太重了,你可以帮我拿一下吗?

[Zhè ge tài zhòng le, nǐ kěyǐ bāng wǒ ná yíxià ma]

It's too heavy, can you take it for me?

● 你回答得太快了。

[Nǐ huídá de tài kuài le]

You answered too fast.

Great, so that wraps up today's lesson. Hope you have learned something there. Download our app to access our Chinese lessons. Come back for our next lesson and learn Chinese anywhere, anytime with *ChineseAny*.

Word List

Main Vocabulary		
能[néng] can, be able to	拿[ná] to take, hold	回答[huídá] to answer/the answer
Additional Vocabulary		
答[dá] to answer		

Notes

1. The model verb 能[néng]

◇ **Statement sentence:subject + 能[néng] + verb + object**

E.g. ① 我能说汉语和日语。[Wǒ néng shuō Hànyǔ hé Rìyǔ]

I can speak Chinese and Japanese.

② 他能告诉我。[Tā néng gàosu wǒ]

He can tell me.

③ 我能回答这个问题。[Wǒ néng huídá zhè ge wèntí]

I can answer this question.

◇ **Negative sentence：subject ＋不 [bù] ＋能[néng] ＋ verb ＋ object**

E.g. ① 明天我不能去公司。[Míngtiān wǒ bù néng qù gōngsī]

I cannot go to the company tomorrow.

② 我不能喝咖啡。[Wǒ bù néng hē kāfēi]

I cannot drink coffee.

③ 我太忙了，今天不能上课。

[Wǒ tài máng le, jīntiān bù néng shàng kè]

I am too busy, cannot have class today.

◇ **Question sentence：subject ＋能[néng] ＋ verb ＋ object ＋吗[ma]?**

E.g. ① 你十点能到吗？[Nǐ shí diǎn néng dào ma]

Can you arrive at ten?

② 他能看懂这本书吗？[Tā néng kàn dǒng zhè běn shū ma]

Can he read and understand this book?

③ 我能和你一起去吗？[Wǒ néng hé nǐ yìqǐ qù ma]

Can I go with you together?

2. **The model verb "能[néng]"，"可以[kěyǐ]"，"会[huì]"**

能[néng] ——→it emphasizes the ability or permission.

可以[kěyǐ] ——→it emphasizes the opinion.

会[huì]——→it emphasizes to grasp something after learning to acquire some skills.

E.g. ① 我是中国人，我能说汉语。

[Wǒ shì Zhōngguó rén, wǒ néng shuō Hànyǔ]

I am Chinese, I can speak Chinese language.

② 我听不懂汉语,你可以说英语吗?

[Wǒ tīng bu dǒng Hànyǔ, nǐ kěyǐ shuō Yīngyǔ ma]

I do not get Chinese, can you speak English?

③ 我学习汉语两年了,我会说汉语。

[Wǒ xuéxí Hànyǔ liǎng nián le, wǒ huì shuō Hànyǔ]

I have learned Chinese for two years, so I can speak it.

Quiz

I. Pronunciation.

1. Please choose the initials or finals you heard.

1) A. bù néng   B. bù lěng

2) A. huídá   B. huì dá

3) A. náshǒu   B. nà shǒu

4) A. wèndá   B. wěidà

5) A. liǎng bàn   B. liáng bàn

6) A. yíxià   B. yǐxià

2. Please choose the Pinyin you heard.

1) A. nǐ jiào shénme   B. nǐ jiāo shénme

2) A. huídá wèntí   B. huì dá wèntí

3) A. qù ná kāfēi   B. qǔ lái kāfēi

4) A. tài zhòng le   B. tài zhǒng le

5) A. mǎi báijiǔ   B. mǎi páiqiú

6) A. zěnme huídá   B. zěnme huílái

II. Form sentences.

1. <u>néng</u>   <u>nǐ</u>   <u>shuō</u>   <u>Rìyǔ</u>   <u>ma</u>

   1   2   3   4   5

2. <u>nán</u> <u>wǒ</u> <u>bù</u> <u>hē</u> <u>báijiǔ</u> <u>péngyou</u> <u>néng</u>
   1   2   3   4   5   6   7

_____

3. <u>néng</u> <u>wǒ</u> <u>zài</u> <u>zhèlǐ</u> <u>zuò</u> <u>ma</u>
   1   2   3   4   5   6

_____

4. <u>huídá</u> <u>wǒ</u> <u>wèntí</u> <u>qǐng</u> <u>de</u>
   1   2   3   4   5

_____

5. <u>ná</u> <u>xiǎng</u> <u>nǐ</u> <u>nǎ</u> <u>gè</u>
   1   2   3   4   5

_____

6. <u>zhè ge</u> <u>hěn</u> <u>wèntí</u> <u>lǎoshī</u> <u>zhòngyào</u> <u>shuō</u>
   1   2   3   4   5   6

_____

III. Please translate the following sentences into Chinese.

1. Can you help me to take it?

_____

2. My wife can cook many Chinese food.

_____

3. I don't want to answer your question.

_____

4. Excuse me, can you tell me how to get there?

_____

5. My son often asks me many questions.

_____

6. How many meters can you run?

_____

My Birthday Is Coming Soon

Welcome to Elementary Level Five, Lesson Fifteen of our **ChineseAny** podcast series teaching Mandarin Chinese. Today we will learn three words: one adverb, one noun and one verb. Let's look at them now.

The 1ˢᵗ word is an adverb "*yào . . . le* 要⋯⋯了", Which means "be about to, be going to". The construction "*yào . . . le* 要⋯⋯了" indicates that an action or the new circumstance will happen very soon.

> 要⋯⋯了
> [yào . . . le]
> be about to/
> to be going to   adverb

"*yào* 要" as a verb means "to want, would like". But in this lesson, as an adverb, it means "something is going to happen very soon". It is placed before a verb or an adjective while the modal particle "*le* 了" is placed at the end of the sentence.

For example,

- 我的女朋友要来上海看我了。
  [Wǒ de nǚ péngyou yào lái Shànghǎi kàn wǒ le]
  My girlfriend is coming to Shanghai to see me soon.
- 天要黑了。[Tiān yào hēi le]
  It's getting dark.
- 我们要换新车了。[Wǒmen yào huàn xīn chē le]

We are going to change a new car.

- 快上车吧，车要开了。[Kuài shàng chē ba, chē yào kāi le]
  Get on the bus quickly; it is leaving soon.

"*kuài 快*" is put at the beginning of the sentence to emphasize urgency.

For example,

- 火车快要到上海了。[Huǒchē kuài yào dào Shànghǎi le]
  The train is about to arrive in Shanghai.

- 我们快要下班了，请等一下吧。
  [Wǒmen kuài yào xiàbān le, qǐng děng yíxià ba]
  We will finish work soon, please wait me for a little bit.

- 快要到周末了，你要做什么？
  [Kuài yào dào zhōumò le, nǐ yào zuò shénme]
  The weekend is coming soon, what do you want to do?

It is forbidden to put any accurate time words in front of "*kuài yào 快要……le 了*".

For example, We **CANN'T** say

- 他们下星期快要回国了。[Tāmen xià xīngqī kuài yào huí guó le]
  They are going to back their country next week.

You **can** say

- 他们快要回国了。[Tāmen kuài yào huí guó le]
  They are going back to their country soon.

The 2nd vocabulary is a noun "*shēngrì 生日*".

"*shēngrì 生日*" means "birthday".

"*shēng 生*" means "to give birth". "*rì 日*" means "day".

生日
[shēngrì]
birthday   noun

For example：

- 你的生日是几月几号? ［Nǐ de shēngrì shì jǐ yuè jǐ hào］
  When is your birthday?

- 你想要什么生日礼物? ［Nǐ xiǎng yào shénme shēngrì lǐwù］
  What do you want for your birthday present?

- 我女儿的生日快要到了。［Wǒ nǚ'ér de shēngrì kuài yào dào le］
  My daughter's birthday is coming soon.

"day" in Chinese is "*rì 日*"; "*xīngqī 星期*" means "week". So Sunday in Chinese is "*xīngqīrì 星期日*". We may also say "*xīngqītiān 星期天*", which is used verbally. We also may say "*zhōurì 周日*".

For example：

- 这个周日/星期日你有时间吗?
  ［Zhè ge zhōurì/xīngqīrì nǐ yǒu shíjiān ma］
  Do you have time this Sunday?

- 我每周日/星期日都去游泳。［Wǒ měi zhōurì/xīngqīrì dōu qù yóuyǒng］
  I go to swim every Sunday.

The 3rd vocabulary is a verb "*guò 过*". "*guò 过*" has many meanings in Chinese. As a verb, it means "to pass, to celebrate, and to spend the time". We have learned about it as the suffix in Level five, lesson five. In today's lesson, we will learn its meaning "to celebrate".

过
［guò］
to celebrate   verb

For example：

- 今年的生日你想怎么过? ［Jīnnián de shēngrì nǐ xiǎng zěnme guò］

How would you like to celebrate your birthday this year?

- 你想去哪里过新年? [Nǐ xiǎng qù nǎlǐ guò xīnnián]
  Where do you want to go to celebrate New Year?

- 妈妈想在家里过生日。[Māma xiǎng zài jiā lǐ guò shēngrì]
  Mother wants to celebrate her birthday at home.

Great, now let see some sentences to review the other meanings of "*guò* 过", which we have learned before.

For example：

- 你周末过得怎么样? [Nǐ zhōumò guò de zěnmeyàng]
  How did you spend your weekend?

- 时间过得太快了! [Shíjiān guò de tài kuài le]
  How fast time passed!

- 我告诉过他我的名字。[Wǒ gàosu guo tā wǒ de míngzi]
  I have told him my name.

- 我在上海过得很好。[Wǒ zài Shànghǎi guò de hěn hǎo]
  I'm doing well in Shanghai.

Great, let's make some examples to practice what we have learned today.

- 要下雨了，我们快回家吧。
  [Yào xiàyǔ le, wǒmen kuài huíjiā ba]
  It is going to rain soon, let's go home quickly.

- 中国的新年快要到了。
  [Zhōngguó de xīnnián kuài yào dào le]
  The Chinese New Year is coming soon.

- 我请朋友们和我一起过生日。
  [Wǒ qǐng péngyou men hé wǒ yìqǐ guò shēngrì]
  I will invite my friends to celebrate my birthday together.

- 对不起, 我忘了你的生日。
  [Duìbuqǐ, wǒ wàng le nǐ de shēngrì]
  I'm sorry, I forgot your birthday.

Great, so that wraps up today's lesson. Hope you have learned something there. Download our app to access our Chinese lessons, Come back for our next lesson and learn Chinese anywhere, anytime with **ChineseAny**.

Word List

Main Vocabulary		
要······了[yào . . . le] be about to, to be going to	过[guò] to spend, to celebrate	生日[shēngrì] birthday
Additional Vocabulary		
生[shēng] to give birth	日[rì] day	星期日[xīngqīrì] Sunday
周日[zhōurì] Sunday		

◯ Notes

The future tense structure：要······了［yào . . . le］

快要［kuài yào］**+ verb/adjective + 了**［le］

E.g. ① 电影要开始了。［Diànyǐng yào kāishǐ le］

The movie is going to start.

② 我们快要上课了。［Wǒmen kuài yào shàng kè le］

We will have a class soon.

③ 周末快要到了。［Zhōumò kuài yào dào le］

The weekend will arrive soon.

④ 苹果要红了。［Píngguǒ yào hóng le］

The apple is getting red.

⑤ 公共电话快要没有了。［Gōnggòng diànhuà kuài yào méiyǒu le］

The public phone will disappear soon.

◯ Quiz

I. Pronunciation.

  1. Please choose the initials or finals you heard.

    1）A. shēngrì   B. shēnrù

    2）A. yào lái   B. yào ná

    3）A. guòshí   B. guǒzhī

    4）A. zhōurì   B. zhírì

    5）A. huí guó   B. shuǐguǒ

    6）A. guò nián   B. guǒ lán

2. Please choose the Pinyin you heard.

　1) A. yào kāishǐ le　　　　　B. yào kāizhī le

　2) A. yìqǐ shēng huǒ　　　　B. yìqǐ shēnghuó

　3) A. míngtiān huí guó　　　　B. míngtiān guī guó

　4) A. luò de zěnmeyàng　　　B. guò de zěnmeyàng

　5) A. yào xià yǔ le　　　　　B. yào xiàqù le

　6) A. wǒ de péngyou hěn shǎo　　B. wǒ de péngyou hěn xiǎo

II. Form sentences.

1. nǐ　　guò　　shénme shíhou　　shēngrì
　　1　　 2　　　　　3　　　　　　　4

_____

2. wǒmen　　Shànghǎi　　zài　　guò　　hěn　　hǎo　　de
　　1　　　　　2　　　　　3　　　 4　　　5　　 6　　 7

_____

3. zhōurì　　xiūxi　　nǐmen　　ma
　　1　　　　2　　　　3　　　 4

_____

4. tāmen　　xià　　yào　　le　　xīngqī　　qù　　Běijīng
　　1　　　 2　　 3　　 4　　　5　　　 6　　　7

_____

5. tā　　kuài　　guò　　yào　　le　　shēngrì
　1　　 2　　　3　　 4　　 5　　　6

_____

6. hé　　tāmen　　guò　　zhōumò　　yìqǐ　　wǒ
　1　　　2　　　 3　　　4　　　　5　　 6

_____

III. Please translate the following sentences into Chinese.

1. Please tell me when your birthday is.

_____

2. The New Year is coming soon，I'd like to buy a piece of new
   clothes for my daughter.

   _____

3. I like spending weekends with my families.

   _____

4. It's going to rain soon；let's go to the bus station together.

   _____

5. I have no time on Sunday.

   _____

6. We'll be late for the meeting.

   _____

It's Very Interesting

Welcome to Elementary Level Five, Lesson Sixteen of our **ChineseAny** podcast series teaching Mandarin Chinese. Today we will learn three words: two adverbs and one adjective. Let's look at them now.

Today's 1st word is "*fēicháng 非常*". "*fēicháng 非常*" is an adverb, which means "very, extremely". It is used to indicate a very high degree of something. You may put a mental verb (e.g. to like, to love, to want ...) or an adjective after it.

> 非常
> [fēicháng]
> very/extremely   adjective

For example,
- 上海的楼非常高。[Shànghǎi de lóu fēicháng gāo]
  The buildings in Shanghai are very high.
- 李娜的网球打得非常好。[Lǐ Nà de wǎngqiú dǎ de fēicháng hǎo]
  Li Na plays tennis extremely well.
- 我非常喜欢这个礼物,谢谢你!
  [Wǒ fēicháng xǐhuan zhè ge lǐwù, xièxie nǐ]
  I like this gift very much, thank you!
- 你穿这件蓝色的衣服非常漂亮。
  [Nǐ chuān zhè jiàn lánsè de yīfu fēicháng piàoliang]

It's very beautiful for you to wear this blue dress.

- 我非常想你。[Wǒ fēicháng xiǎng nǐ]
  I miss you very much.

OK, let's look at the 2nd vocabulary "*zhēn* 真". "*zhēn* 真" as an adverb means "really". We use it before the verb or adjective.

真	
[zhēn]	
really	adverb
real	adjective

As an adjective, it means "real". We also may say "*zhēnde* 真的". They are either adverbs or adjectives, which mean "really, real or truly".

For example：(as an adverb)

- 我觉得中国饭真好吃。[Wǒ juéde Zhōngguó fàn zhēn hǎochī]
  I think Chinese food is really delicious.
- 中国茶真好喝。[Zhōngguó chá zhēn hǎohē]
  Chinese tea is really tasty.
- 今天的天气真不错。[Jīntiān de tiānqì zhēn búcuò]
  The weather is really nice today.
- 这个星期我真的很忙。[Zhè ge xīngqī wǒ zhēnde hěnmáng]
  I am really busy in this week.

For example：(as an adjective)

- 这个东西是真的吗? [Zhè ge dōngxi shì zhēnde ma]
  Is this stuff real?
- 我觉得他的话是真的。[Wǒ juéde tā de huà shì zhēnde]
  I think what he said is real.
- 这个不可能是真的。[Zhè ge bù kěnéng shì zhēnde]
  This cannot be true.

Let's review some adverbs that indicate "degree" that we have learned previously. E. g. "*hěn* 很", "*tài* ... *le* 太······了". Today we learned "*fēicháng* 非常" and "*zhēn* 真".

These words all mean "very", but the superlative is "*fēicháng* 非常".

In Chinese, there is no negative form for "*fēicháng* 非常", "*zhēn* 真" or "*hěn* 很" except "*tài* ... *le* 太". You may say "*bú tài* 不太" which means "not too ...".

非常 → 太······了 → 真 → 很
[fēicháng] [tài ... le] [zhēn] [hěn]

Let's look at the degrees from the superlative to the comparative to describe different levels. "*fēicháng* 非常", "*tài* ... *le* 太······了" "*zhēn* 真", "*hěn* 很".

OK, today's 3rd vocabulary word is "*yǒuyìsi* 有意思". "*yǒuyìsi* 有意思" is an adjective, it means "interesting or funny".

有意思
[yǒuyìsi]
interesting/funny   adjective

The negative form is "*méiyǒu yìsi* 没有意思" or "*méi yìsi* 没意思", which means "boring"; "*yǒu* 有" means "to have, there is". "*yìsi* 意思" means "the meaning, or to mean".

Let's see some examples, which mean "interesting or funny".
● 这个电影真有意思。[Zhè ge diànyǐng zhēn yǒuyìsi]
This movie is really interesting.
● 我们的汉语老师太有意思了。
[Wǒmen de Hànyǔ lǎoshī tài yǒuyìsi le]
Our Chinese teacher is too funny.

- 我们周末去打网球了，很有意思。[Wǒmen zhōumò qù dǎ wǎngqiú le, hěn yǒuyìsi]

  We played tennis on the weekend; it is very interesting.

- 他是一个非常有意思的人。[Tā shì yí gè fēicháng yǒuyìsi de rén]

  He is really a funny guy.

Let's see some examples, which mean "meaning, or to mean".

- 这个汉字是什么意思？[Zhè ge Hànzì shì shénme yìsi]

  What does this character mean?

- 我真的不知道这是什么意思。

  [Wǒ zhēnde bù zhīdào zhè shì shénme yìsi]

  I really don't know what it means.

- 我不懂你的意思。[Wǒ bù dǒng nǐ de yìsi]

  I don't understand what you mean.

- "过"有很多意思。["guò" yǒu hěn duō yìsi]

  Character "过" has many meanings.

Great, let's do some exercises to practice what we have learned from today's lesson.

- 我常常来这里吃饭，因为他们的菜非常好吃。

  [Wǒ chángcháng lái zhèlǐ chī fàn, yīnwèi tāmen de cài fēicháng hǎochī]

  I often come here to eat, because their food is very delicious.

- 这个问题真难回答。

  [Zhè ge wèntí zhēn nán huídá]

  This question is really difficult to answer.

- 他觉得学习汉语很有意思。

  [Tā juéde xuéxí Hànyǔ hěn yǒuyìsi]

  He feels learning Chinese is very interesting.

● 能认识你非常高兴。

[Néng rènshi nǐ fēicháng gāoxìng]

I'm very happy to know you.

● 明天你真的不去吗？

[Míngtiān nǐ zhēnde bú qù ma]

Don't you really go tomorrow?

Great, so that wraps up today's lesson. Hope you have learned something there. Download our app to access our Chinese lessons, Come back for our next lesson and learn Chinese anywhere, anytime with **ChineseAny**.

Word List

Main Vocabulary		
非常[fēicháng] very, extremely	真[zhēn] really	有意思[yǒuyìsi] interesting, funny
Additional Vocabulary		
真的[zhēnde] really/real/truly	意思[yìsi] meaning, to mean	没意思[méi yìsi] boring
没有意思[méiyǒu yìsi] boring		

Notes

The adverb of degree：非常[fēicháng]**& 真**[zhēn]

非常[fēicháng] **+ mentation verb/adjective**

E.g. ① 我非常喜欢这个人。[Wǒ fēicháng xǐhuan zhè ge rén]
I like this person very much.

② 他的家非常大。[Tā de jiā fēicháng dà]
His house is very big.

③ 这本书非常有意思。[Zhè běn shū fēicháng yǒuyìsi]
This book is very interesting.

④ 他开车开得非常快。[Tā kāi chē kāi de fēicháng kuài]
He drives very fast.

Quiz

I. Pronunciation.

1. Please choose the initials or finals you heard.

   1) A. féicháng   B. fēicháng

   2) A. zhēnde   B. chénde

   3) A. yǒu yìsi   B. yǒu yícì

   4) A. yìsi   B. yǐzi

   5) A. shuǐguǒ   B. chīhuò

   6) A. juéde   B. xuéde

2. Please choose the Pinyin you heard.

   1) A. zhēnde hěn nán   B. zhēnde hěn lǎn

   2) A. gāng kāishǐ   B. gāng kāiqǐ

   3) A. zhēnde ma   B. zhēnde mǎ

   4) A. tài zuì le   B. tài guì le

   5) A. fēicháng hǎochī   B. fēicháng hǎo zhì

   6) A. bú tài xǐhuan   B. bú tài xíguàn

II. Form sentences.

1. jīntiān   fēicháng   wǒ   máng
      1   2   3   4

    _____

2. tā   xíguàn   bù   chī   Shànghǎi   cài   fēicháng
    1   2   3   4   5   6   7

    _____

3. nǐ   zhīdào   zhēnde   ma
    1   2   3   4

    _____

4. juéde   Hànzì   fēicháng   wǒ   yìsi   yǒu
    1   2   3   4   5   6

    _____

5. zhè ge   de   zhēn   guì   dōngxi   shāngdiàn
    1   2   3   4   5   6

    _____

6. nǐ de   zhēn   piàoliang   nǚ'ér
    1   2   3   4

    _____

III. Please translate the following sentences into Chinese.

1. She likes eating fruit very much.

    _____

2. He walks really fast.

    _____

3. I read many interesting books.

    _____

4. I feel it is very difficult when I just started to learn Chinese, but now I feel it is very interesting.

    _____

5. Her boyfriend is really interesting.

_____

6. The things in this shop are really expensive.

_____

7. I feel really tired, so I'd like to take a rest.

_____

They Are Good to Me

Welcome to Elementary Level Five, Lesson Seventeen of our **ChineseAny** podcast series teaching Mandarin Chinese. Today we will learn three words: one preposition, one verb and one noun. Let's see them now.

The 1st preposition word is "*duì* 对". "*duì* 对" has many meanings in Chinese. Before we learned it as an adjective, it means "right, correct". Today we will learn it as a preposition, which means "towards, for, face to face".

对	
[duì]	
towards/for	preposition
right/correct	adjective

We usually use it in this first format. "A + duì 对 + B + verb", this pattern indicates that A has certain opinions or attitudes towards B.

For example:
- 他对我说汉语。[Tā duì wǒ shuō Hànyǔ]
  He speaks Chinese to me.
- 你想对谁说? [Nǐ xiǎng duì shuí shuō]
  Who do you want to talk?
- 他对朋友们说他很想大家。
  [Tā duì péngyou men shuō tā hě xiǎng dàjiā]
  He said to his friends that he missed them very much.

- 孩子们对老师问了很多问题。

  [Háizi men duì lǎoshī wèn le hěn duō wèntí]

  The children asked many questions to their teacher.

Yes，"*xiàng* 向" also means "towards，to". We learned it in Lesson Twelve. Now let's see the difference of these two words.

"*xiàng* 向"，normally we use it before a verb to express the direction of the action; But "*duì* 对" normally used before a person，means "face to".

For example：

- 我们前边向左拐。[Wǒmen qiánbian xiàng zuǒ guǎi]

  We will turn left in front.

- 他向你的家人问好。[Tā xiàng nǐ de jiārén wèn hǎo]

  He said "hello" to your families.

Even there is person after "*xiàng* 向"，it still emphasizes the direction of the action.

Now，let's see the 2nd character，"*zhǔnbèi* 准备"．"*zhǔnbèi* 准备" is a verb．It means "to prepare，to plan，to intend"．"*zhǔnbèi* 准备" is also a noun，it means "preparation"．In this lesson we will use it as a verb.

> 准备
> [zhǔnbèi]
> to prepare verb

For example：

- 妈妈给我准备了很多好吃的东西。

  [Māma gěi wǒ zhǔnbèi le hěn duō hǎochī de dōngxi]

  Mom prepared a lot of delicious food for me. (to prepare)

- 我给你们准备了茶和咖啡。[Wǒ gěi nǐmen zhǔnbèi le chá hé kāfēi]

I prepared tea and coffee for you. (to prepare)

- 这个周末你准备去哪儿？［Zhè ge zhōumò nǐ zhǔnbèi qù nǎr］
  Where do you intend to go this weekend? (to plan)
- 我朋友不准备在中国找工作。
  ［Wǒ péngyou bù zhǔnbèi zài Zhōngguó zhǎo gōngzuò］
  My friend is not ready to look for a job in China. (to intend)

OK, the 3rd vocabulary word is
"*fúwùyuán 服务员*"."*fúwùyuán 服务员*"
means "waiter or waitress". In China,
people who work in a restaurant or hotel, we

服务员
［fúwùyuán］
waiter/waitress   noun

usually call them "*fúwùyuán 服务员*". "*fúwù 服务*" used as a noun on
verb, means "service", "*yuán 员*" in here indicates a person.

For example：

- 服务员,请给我一杯水。［Fúwùyuán, qǐng gěi wǒ yì bēi shuǐ］
  Waiter, please give me a glass of water.
- 那个商店正在找服务员。
  ［Nà ge shāngdiàn zhèngzài zhǎo fúwùyuán］
  That shop is looking for a waiter.
- 你能告诉我你们店有什么服务吗?
  ［Nǐ néng gàosu wǒ nǐmen diàn yǒu shénme fúwù ma］
  Could you tell me what service your store is providing?
- 你觉得他们服务得怎么样? ［Nǐ juéde tāmen fúwù de zěnmeyàng］
  How do you think their service?
- 我们店的服务时间从下午一点到四点。
  ［Wǒmen diàn de fúwù shíjiān cóng xiàwǔ yī diǎn dào sì diǎn］
  Our store's service time is from one o'clock to four o'clock in the
  afternoon.

Great，let's do some exercises to practice what we have learned from today's lesson.

- 他对大家说明天不能来。

  [Tā duì dàjiā shuō míngtiān bù néng lái]

  He said to everyone that he could not come tomorrow.

- 那个饭店的服务很好。

  [Nà ge fàndiàn de fúwù hěn hǎo]

  That restaurant is providing very good service.

- 你们店有多少服务员？

  [Nǐmen diàn yǒu duōshao fúwùyuán]

  How many waiters are there in your store?

- 我太太正在准备晚饭。

  [Wǒ tàitai zhèngzài zhǔnbèi wǎnfàn]

  My wife is preparing dinner.

Great，so that wraps up today's lesson. Hope you have learned something there. Download our app to access our Chinese lessons，Come back for our next lesson and learn Chinese anywhere，anytime with **ChineseAny**.

Word List

Main Vocabulary		
对[duì] towards, for	准备[zhǔnbèi] to prepare	服务员[fúwùyuán] waiter, waitress
Additional Vocabulary		
服务[fúwù] to serve; service	员[yuán] person, member, employee	

Notes

The Preposition 对 [duì] **& 向** [xiàng]

◇ **A + 对** [duì] **+ B + verb**

E. g. ① 他对我说谢谢。[Tā duì wǒ shuō xièxie]

He says thank you to me.

② 他每天对我说"我爱你"。[Tā měitiān duì wǒ shuō "wǒ ài nǐ"]

He says "I love you" to me everyday.

③ 请别对他说。[Qǐng bié duì tā shuō]

Don't say it to him please.

◇ **向** [xiàng] **+ direction + verb**

E. g. ① 我们向左拐还是向右拐?

[Wǒmen xiàng zuǒ guǎi háishi xiàng yòu guǎi]

Do we turn left or right?

② 向前走五百米。[Xiàng qián zǒu wǔ bǎi mǐ]

We go ahead for five hundred meters.

③ 我向你们介绍一下我的公司。

[Wǒ xiàng nǐmen jièshào yíxià wǒ de gōngsī]

Let me introduce my company to you all.

Quiz

I. Pronunciation.

  1. Please choose the initials or finals you heard.

    1) A. zhǔnbèi   B. zǔbèi

    2) A. fúwùyuán   B. fúwùliàn

3) A. duìhuà   B. huìhuà

4) A. bú tuì   B. bú duì

5) A. bù lǎo   B. bù dǎo

6) A. hǎochù   B. háozhū

2. **Please choose the Pinyin you heard.**

1) A. duì wǒ hěn jìng   B. duì wǒ hěn qīn

2) A. zhǔnbèi gòu le   B. zhǔnbèi guo le

3) A. fúwù yībān   B. fúwù yíbàn

4) A. gěi wǒ zhǔnbèi   B. wèi wǒ zhǔnbèi

5) A. duì wǒ wènhǎo   B. duì wǒ shìhǎo

6) A. fúwù rénmín   B. fúwù rénmíng

II. **Form sentences.**

1.   duì   shuō   xièxie   tā   qǐng
     1   2   3   4   5

2.   fúwùyuán   gěi   wǒ   liǎng   píjiǔ   píng   qǐng
     1   2   3   4   5   6   7

3.   tā   le   zhǔnbèi   wèntí   duō   hěn
     1   2   3   4   5   6

4.   zhè ge   fúwù   fàndiàn   hǎo   fēicháng   de
     1   2   3   4   5   6

5.   kāfēi diàn   nǔ   nà ge   shì   dōu   fúwùyuán
     1   2   3   4   5   6

6.   míngnián   qù   guò   nǎlǐ   zhǔnbèi   nǐmen   xīnnián
     1   2   3   4   5   6   7

III. Please translate the following sentences into Chinese.

1. Mum prepared many fruits for us.

_____

2. He is preparing for tomorrow's meeting.

_____

3. There are ten waiters in our restaurant.

_____

4. I think the service in that store is really good.

_____

5. He said to me that he was very happy to know me.

_____

6. Everybody prepared birthday presents for her.

_____

I Like Sports

Welcome to Elementary Level Five, Lesson Eighteen of our **ChineseAny** podcast series teaching Mandarin Chinese. Today we will learn three words: two verbs and one noun. Let's see them now.

Today's 1ˢᵗ word is "*tiàowǔ* 跳舞". "*tiàowǔ* 跳舞" means to dance. "*tiào* 跳" a verb, means "to jump"; "*wǔ* 舞" a noun, means "dance, dancing".

跳舞
[tiàowǔ]
to dance   verb

For example:
- 你喜欢跳舞吗? [Nǐ xǐhuan tiàowǔ ma]
  Do you like dancing?
- 我可以请你跳舞吗? [Wǒ kěyǐ qǐng nǐ tiàowǔ ma]
  Could I invite you to dance?
- 你跳舞跳得真好。[Nǐ tiàowǔ tiào de zhēn hǎo]
  You dance really well.
- 他非常喜欢跳舞。[Tā fēicháng xǐhuan tiàowǔ]
  He likes dancing very much.

From the "*tiào* 跳", in today's lesson, we will learn more words about sports. "High" in Chinese is "*gāo* 高", which we have learned previously. So "high jump" in Chinese is "*tiàogāo* 跳高". "far" in

Chinese is "*yuǎn* 远", so "long jump" in Chinese is "*tiàoyuǎn* 跳远".

For example：

- 你喜欢跳高还是跳远？［Nǐ xǐhuan tiàogāo háishi tiàoyuǎn］
  Do you like high jump or long jump?
- 跳高和跳远我都不喜欢。［Tiàogāo hé tiàoyuǎn wǒ dōu bù xǐhuan］
  I don't like either high jump or long jump.

Today's 2nd word is "*chànggē* 唱歌".
"*chàng* 唱" is a verb, means "to sing";
"*gē* 歌" a noun means a song.

唱歌
［chànggē］
to sing a song   verb

For example：

- 我的朋友们非常喜欢唱歌。
  ［Wǒ de péngyou men fēicháng xǐhuan chànggē］
  My friends like singing very much.
- 你会唱汉语歌吗？［Nǐ huì chàng Hànyǔ gē ma］
  Can you sing a Chinese song?
- 那个歌很难唱。［Nà ge gē hěn nán chàng］
  That song is very difficult to sing.
- 我会唱歌，也会跳舞。［Wǒ huì chànggē, yě huì tiàowǔ］
  I can sing, and I can dance too.

The 3rd vocabulary is "*yùndòng* 运动". "*yùndòng* 运动" can be used as a verb, also can be used as a noun. It means "sports or exercise".

运动	
［yùndòng］	
to sport	verb
sports	noun

253

➢ As a verb, you may say,

● 我有点儿累，我想运动一下。

[Wǒ yǒudiǎnr lèi, wǒ xiǎng yùndòng yíxià]

I'm a little tired, I want to do some sports.

● 下班以后，他常常运动。[Xià bān yǐhòu tā chángcháng yùndòng]

He often goes to do sports after work.

● 我不习惯每天都运动。[Wǒ bù xíguàn měitiān dōu yùndòng]

I'm not used to doing sports every day.

➢ As a noun, you may say,

● 做运动[zuò yùndòng]

do sports

● 他有时间的时候，喜欢做运动。

[Tā yǒu shíjiān de shíhou, xǐhuan zuò yùndòng]

When he has time, he likes doing sports.

● 你喜欢做什么运动？[Nǐ xǐhuan zuò shénme yùndòng]

What sports do you like to do?

● 因为我最近太忙了，所以没有时间做运动。[Yīnwèi wǒ zuìjìn tài máng le, suǒyǐ méiyǒu shíjiān zuò yùndòng]

I'm too busy recently, so I have no time to do sports.

In Lesson seventeen, we learned " *fúwùyuán* 服务员 ", " *yuán* 员 " means "person, member, employee". So "athlete" in Chinese you may say " *yùndòngyuán* 运动员 ".

For example：

● 你知道运动员姚明吗？[Nǐ zhīdào yùndòngyuán YáoMíng ma]

Do you know the player Yao Ming?

● 我忘了那个运动员的名字。

[Wǒ wàng le nà ge yùndòngyuán de míngzi]

I forgot the name of that player.

Great，after the three verbs，let's see one Grammar point，which tells you how to express "**the tag question**" ("**the tail question**"). The tail question is a very useful phrase which can be put at the end of the sentence to make a request or a suggestion and to ask for someone's opinion. We usually use "*hǎo ma 好吗*"，"*kěyǐ ma 可以吗*"，"*duì ma 对吗*" at the end of the sentence. And the affirmative answer is "*hǎo de 好的*" or "*kěyǐ 可以*".

For example：
- 我们带走，可以吗? [Wǒmen dài zǒu, kěyǐ ma]
  Can we take it away?
- 下个周末我们一起去打网球，好吗?
  [Xià ge zhōumò wǒmen yìqǐ qù dǎ wǎngqiú, hǎo ma]
  Shall we go to play tennis next weekend together?
- 我们走路去，可以吗? [Wǒmen zǒulù qù, kěyǐ ma]
  Can we walk there?
- 今天是星期天，对吗? [Jīntiān shì xīngqītiān, duì ma]
  Today is Sunday, right?

Great，let's make some examples to practice what we have learned today.

- 你经常去哪里跳舞?
  [Nǐ jīngcháng qù nǎlǐ tiàowǔ]
  Where do you often go to dance?

- 我们休息五分钟，可以吗?
  [Wǒmen xiūxi wǔ fēnzhōng, kěyǐ ma]
  Can we take a rest for five minutes?

● 做运动的时候，我觉得很舒服。

[Zuò yùndòng de shíhou, wǒ juéde hěn shūfu]

I feel comfortable when I do sports.

● 我们一起唱歌吧。

[Wǒmen yìqǐ chànggē ba]

Let's sing together.

● 他每天运动半个小时？

[Tā měitiān yùndòng bàn gè xiǎoshí]

Every day he exercises half an hour.

● 你帮我拿一下，好吗？

[Nǐ bāng wǒ ná yíxià, hǎo ma]

Could you help me to take it?

Great, so that wraps up today's lesson. Hope you have learned something there. Download our app to access our Chinese lessons. Come back for our next lesson and learn Chinese anywhere, anytime with **ChineseAny**.

Word List

Main Vocabulary		
跳舞[tiàowǔ] to dance	唱歌[chànggē] to sing a song	运动[yùndòng] to sport, sports

Additional Vocabulary		
跳 [tiào] to jump	舞 [wǔ] dance	跳高 [tiàogāo] high jump
跳远 [tiàoyuǎn] far jump	唱 [chàng] to sing	歌 [gē] song
运动员 [yùndòngyuán] athlete		

◖ **Notes**

The tail question sentence：

Statement sentence ＋ 好吗 [hǎo ma] **/可以吗** [kěyǐ ma]

The positive answer is：好的 [hǎode] **or 可以** [kěyǐ]

The negative answer is：不好 [bù hǎo] **or 不可以** [bù kěyǐ]

E. g. ① 你明天早一点儿来，好吗？ [Nǐ míngtiān zǎo yìdiǎnr lái, hǎo ma]

Could you come a little earlier tomorrow?

② A：我们今天晚上去看电影，好吗？

[Wǒmen jīntiān wǎnshang qù kàn diànyǐng, hǎo ma]

Could we go to watch a movie tonight?

B：好的，我想看这个电影。

[Hǎo de, wǒ xiǎng kàn zhè ge diànyǐng]

Good, I want to watch this movie.

③ A：妈妈，我想买这个，可以吗？

[Māma, wǒ xiǎng mǎi zhè ge, kěyǐ ma]

Mommy, I want to buy this, is it OK?

B：不可以，这个太贵了。 [Bù kěyǐ, zhè ge tài guì le]

No, you cannot, this is too expensive.

④ A：我们坐出租车去，可以吗？[Wǒmen zuò chūzūchē qù, kěyǐ ma]
   Could we go by taxi?

   B：可以，那里离这里不太远。[Kěyǐ, nàlǐ lí zhèlǐ bú tài yuǎn]
   Fine, there is not too far away from here.

Quiz

I. Pronunciation.

1. Please choose the initials or finals you heard.

   1) A. tiàowǔ   B. diàorù

   2) A. zhǎnggè   B. chànggē

   3) A. yùndòng   B. liúdòng

   4) A. yǔyán   B. yùyán

   5) A. tiàoyuǎn   B. diàoyán

   6) A. diàopèi   B. tiáopèi

2. Please choose the Pinyin you heard.

   1) A. yìqǐ tiāo ba   B. yìqǐ tiào ba

   2) A. búyào yùndòng   B. búyào yídòng

   3) A. shénme yùndòng B. zěnme yùndòng

   4) A. wǔ diǎn shuìjiào   B. wǔ diǎn zhuītǎo

   5) A. gāng kāishǐ   B. gāng kāishè

   6) A. nà ge yánsè   B. nǎ ge yánsè

II. Form sentences.

1. <u>nǐ</u>   <u>chángcháng</u>   <u>ma</u>   <u>yùndòng</u>
   1   2   3   4

2. xiǎng   ma   nǐmen   qù   chànggē
     1   2   3   4   5

_____

3. wǒ   méiyǒu   yùndòng   shíjiān   zuò
    1   2   3   4   5

_____

4. huì   gē   shénme   Zhōngguó   nǐmen   chàng
   1   2   3   4   5   6

_____

5. péngyou   tā   yìqǐ   hé   tiàowǔ   jīngcháng
     1   2   3   4   5   6

_____

6. xǐhuan   nǎ   yùndòngyuán   ge   nǐ
    1   2   3   4   5

_____

III. Please translate the following sentences into Chinese.

1. After I came to China, I haven't done sports.

_____

2. I'm not very good at singing.

_____

3. They are dancing right now.

_____

4. Let's do sports on weekend.

_____

5. Could you sing with us together?

_____

6. Do you know that long jump athlete?

_____

六级

How Many Altogether

Welcome to Elementary Level Six, Lesson One of **ChineseAny** podcast series teaching Mandarin Chinese. Today we will learn three words: one adverb, one adjective and one verb. Let's look at them now.

The 1st adverb is "*yígòng* 一共". "*yígòng* 一共" means "altogether". We normally use it before the verb to express the total amount of something or somebody.

一共
[yígòng]
altogether   adverb

For example:
- 你们一共有多少个人？[Nǐmen yígòng yǒu duōshao gè rén]
  How many people do you have altogether?
- 今天你一共学了几个小时汉语？
  [Jīntiān nǐ yígòng xué le jǐ gè xiǎoshí Hànyǔ]
  How many hours did you study Chinese today?
- 这些一共多少钱？[Zhèxiē yígòng duōshao qián]
  How much are these altogether?
- 我昨天一共喝了五杯咖啡。[Wǒ zuótiān yígòng hē le wǔ bēi kāfēi]
  I drank five cups of coffee altogether yesterday.
- 这个周末我们一共打了五个小时网球。[Zhè ge zhōumò wǒmen yígòng dǎ le wǔ gè xiǎoshí wǎngqiú]
  We played tennis for five hours altogether this weekend.

OK，let's move to the 2nd vocabulary, "*yǒude* 有的". "*yǒude* 有的" means "some of ...". We normally put a plural noun behind it.

有的
[yǒude]
some   adjective

For example：

- 有的中国人 [yǒude Zhōngguó rén]

  some Chinese people

- 有的时候 [yǒude shíhou]

  some time

Also you may say "*yǒushí* 有时" as the short expression.

Now coming up with more sentences：

- 有的人喜欢喝咖啡,有的(人)喜欢喝茶。[Yǒude rén xǐhuan hē kāfēi, yǒude (rén) xǐhuan hē chá]

  Some people like to drink coffee; some like tea.

- 我的工作有时非常忙,有时还可以。[Wǒ de gōngzuò yǒushí fēicháng máng, yǒushí hái kěyǐ]

  My job sometime is very busy, sometime is OK.

- 周末我有时看电影,有时去游泳。[Zhōumò wǒ yǒushí kàn diànyǐng, yǒushí qù yóuyǒng]

  At weekend, sometimes I watch movie; sometimes I go swimming.

- 我的朋友们,有的喜欢红酒,有的喜欢白酒,有的喜欢黄酒。[Wǒ de péngyǒu men, yǒude xǐhuan hóngjiǔ, yǒude xǐhuan báijiǔ, yǒude xǐhuan huángjiǔ]

  Among my friends, some like wine, some like Chinese alcohol, and some like yellow wine.

- 有的人说汉语我能听懂,有的我听不懂。[Yǒude rén shuō Hànyǔ wǒ néng tīng dǒng, yǒude wǒ tīng bu dǒng]

  I can understand some people speak Chinese, some I cannot.

Great, let's finish the last one, "*fù qián* 付钱". "*fù qián* 付钱" means "to pay (the money)". "*fù* 付" is a verb, means "to pay"; "*qián* 钱" is a noun, means "money, fee". You could put the amount of the fee before it.

| 付钱 |
| [fù qián] |
| pay (money)　 verb |

For example：

- "Pay 100RMB" in Chinese is "*fù yì bǎi kuài qián* 付一百块钱".
- "Pay taxi fee" in Chinese is "*fù chūzūchē de qián* 付出租车的钱".
- 请问,在哪儿付钱? [Qǐng wèn, zài nǎr fù qián]
  Excuse me, where shall I go to pay?
- 你付钱了吗? [Nǐ fù qián le ma]
  Did you pay?
- 我一共付了一千块钱。[Wǒ yígòng fù le yì qiān kuài qián]
  I paid 1000RMB altogether.
- 我想付钱,但是他已经付了。
  [Wǒ xiǎng fù qián, dànshì tā yǐjīng fù le]
  I want to pay, but he already paid.

Great, let's practice what we have learned today.

- 这里的东西,有的贵,有的便宜。
  [Zhèlǐ de dōngxi, yǒude guì, yǒude piányi]
  There are a lot things here. Some are expensive, and some are cheap.

- 我们公司一共有100个人。
  [Wǒmen gōngsī yígòng yǒu yì bǎi gè rén]
  There are 100 people in our company altogether.

- 我已经付了 500 块钱，明天还要付 100 块钱。

  [Wǒ yǐjīng fù le wǔ bǎi kuài qián, míngtiān hái yào fù yì bǎi kuài qián]

  I have paid 500 RMB, and I will pay 100 RMB more tomorrow.

- 有的人觉得好吃，有的人觉得难吃。

  [Yǒude rén juéde hǎochī, yǒude rén juéde nánchī]

  Some people think it's delicious, while some think not.

Great, so that wraps up today's lesson. Hope you have learned something there. Download our app to access our Chinese lessons, remember you can learn Chinese anywhere, anytime with **ChineseAny**.

Word List

Main Vocabulary		
一共[yígòng] altogether	有的[yǒude] some	付钱[fù qián] pay(money)
Additional Vocabulary		
有的人[yǒude rén] some people	有时/有的时候 [yǒushí/yǒude shíhou] sometimes	付[fù] to pay

Quiz

I. Pronunciation.

  1. Please choose the initials or finals you heard.

    1) A. yígòng   B. yìtóng

2) A. xiàngqián   B. xiāngjiàn

3) A. tiánxīn   B. diǎnxīn

4) A. fùqián   B. fùxiàn

5) A. yǒude   B. yòngde

6) A. yīnxùn   B. yīnxìn

2. **Please choose the Pinyin you heard.**

1) A. yígòng sìshí kuài   B. yígòng shísì kuài

2) A. yǒude hǎochī   B. yǒude hàochī

3) A. tā hěn yǒuqián   B. tā hěn yǒuquán

4) A. hěn duō xiānhuā   B. hěn duō xiǎngfǎ

5) A. búyào zháojí   B. búyào jiāojí

6) A. qǐng jìnlái ba   B. qǐng xǐnglái ba

II. **Form sentences.**

1. zhèxiē   yígòng   yīfu   duōshao   qián
   1   2   3   4   5

2. yì bǎi   nàlǐ   yígòng   lái   le   rén
   1   2   3   4   5   6

3. yígòng   yào   wǒmen   píng   píjiǔ   sān
   1   2   3   4   5   6

4. nǐ   zài   zhīdào   nǎlǐ   fù   qián   ma
  1   2   3   4   5   6   7

5. yǐjīng   wǒ   qián   le   fù
   1   2   3   4   5

6.   fù   nǐ   yígòng   le   qián   duōshao

     1   2   3   4   5   6

_____

III. Please translate the following sentences into Chinese.

1. She wrote ten books altogether.

_____

2. How many Chinese books do you have altogether?

_____

3. I have many friends. Some come from China; some come from Korea.

_____

4. There are many people in that shop. Some are paying money and some are shopping.

_____

5. Some people like red, some people like blue and some people like white.

_____

6. Some say "yes" and some say "no".

_____

It's So Quite Here

Welcome to Elementary Level Six, Lesson Two of **ChineseAny** podcast series teaching Mandarin Chinese. Today we will learn three words: one adverb and two adjectives. Let's look at them now.

The 1st vocabulary is "*zhème* 这么". "*zhème* 这么" means "so/such". We normally put an adjective after it.

这么
[zhème]
so/such   adverb

For example:

- 这么大[zhème dà]
  so big
- 这么远[zhème yuǎn]
  so far
- 这么重[zhème zhòng]
  so heavy
- 今天这么冷。[Jīntiān zhème lěng]
  Today is so cold.
- 这个饭店有这么多人。[Zhè ge fàndiàn yǒu zhème duō rén]
  There are so many people in this restaurant.

We learned the opposite word of "*zhè* 这", which is "*nà* 那". like "*zhè ge* 这个", this; "*nà ge* 那个", that; "*zhèlǐ* 这里", here; "*nàlǐ* 那

里", there; "*zhèxiē* 这些", these; "*nàxiē* 那些", those.

So you may also say "*nàme* 那么" for "such/so". Well, the difference is when you use "*zhème* 这么", the speaker should be here; otherwise, you should use "*nàme* 那么".

For example：
- 上海这么热。[Shànghǎi zhème rè]
  Shanghai is so hot. (You're in Shanghai.)
- 上海那么热。[Shànghǎi nàme rè]
  Shanghai is so hot. (You are not in Shanghai.)
- 我不知道周末的时候,饭店的人那么多。[Wǒ bù zhīdào zhōumò de shíhou, fàndiàn de rén nàme duō]
  I don't know so many people in restaurant at weekend.

Now, let's move to the 2nd vocabulary, "*ānjìng* 安静". "*ānjìng* 安静" means "to be quiet"; it's an adjective.

安静
[ānjìng]
be quiet   adjective

For example：
- 我喜欢在安静的饭店吃饭。[Wǒ xǐhuan zài ānjìng de fàndiàn chī fàn]
  I like to eat at a quiet restaurant.
- 她是一个安静的女孩子,不常常和别人说话。[Tā shì yí gè ānjìng de nǚ háizi, bù chángcháng hé biérén shuōhuà]
  She is a quiet girl, does not often speak to the other people.
- 请安静一点儿,不要说话! [Qǐng ānjìng yìdiǎnr, bú yào shuōhuà]
  Please be quiet, don't talk!

Great, let's finish the last word, "*shòu*
瘦". "*shòu 瘦*" is an adjective, means "to
be thin, to be tight". When we use it on a
person, it means "somebody is thin". When
we use it for the size of the clothes, it means "the size is small".

瘦
[shòu]
thin, tight   adjective

For example：

- 因为她每次吃得很少,所以她很瘦。
  [Yīnwèi tā měi cì chī de hěn shǎo,suǒyǐ tā hěn shòu]
  Because she eats very little every time, so she is very thin.
- 我姐姐小的时候非常瘦。[Wǒ jiějie xiǎo de shíhou fēicháng shòu]
  My sister was very thin when she was young.
- 这件衣服太瘦了。[Zhè jiàn yīfu tài shòu le]
  This piece of clothes is too tight.

Great, after these three new vocabularies, let's learn one more
useful sentence format. In Level five, we learned "A is adjective than
B". Today, we will learn the negative form of it. "*A méiyǒu 没有 B +
(zhème 这么/nàme 那么) + Adj.* ", It means "A is not as adjective
as B".

A 没有 B + （这么/那么） + Adj.
[méiyǒu] [zhème][nàme]

For example：

- 今天没有昨天(那么)热。[Jīntiān méiyǒu zuótiān (nàme) rè]
  Today is not as hot as yesterday.
- 我没有他(这么)高。[Wǒ méiyǒu tā (zhème) gāo]
  I'm not as tall as him.

● 这个房间没有那个房间那么大。

[Zhè ge fángjiān méiyǒu nà ge fángjiān nàme dà]

This room is not as big as that one.

● 我的家没有他的家(那么)安静。

[Wǒ de jiā méiyǒu tā de jiā (nàme) ānjìng]

My home is not as quiet as his home.

Great, let's practice what have we learned today.

● 你学了这么多汉字。

[Nǐ xué le zhème duō Hànzì]

You learned so many Chinese characters.

● 我没有她那么瘦。

[Wǒ méiyǒu tā nàme shòu]

I am not as thin as her.

● 我想安静一下。

[Wǒ xiǎng ānjìng yíxià]

I want to be quiet.

● 他怎么那么有钱?

[Tā zěnme nàme yǒu qián]

How can he be so rich?

● 我们去那儿看书吧,那儿很安静。

[Wǒmen qù nàr kàn shū ba, nàr hěn ānjìng]

Let's go there to read books, there is quiet.

● 我唱歌没有他唱得那么好。

[Wǒ chànggē méiyǒu tā chàng de nàme hǎo]

I do not sing as well as him.

Great, so that wraps up today's lesson. Hope you have learned something there. Download our app to access our Chinese lessons, remember you can learn Chinese anywhere, anytime with **ChineseAny**.

Word List

Main Vocabulary		
这么[zhème] such, so	瘦[shòu] thin	安静[ānjìng] quite
Additional Vocabulary		
那么[nàme] such, so		

Notes

1. **这么**[zhème]/**那么**[nàme] **+ adjective**

    E.g. ① 我不知道这里有这么多人。

    [Wǒ bù zhīdào zhèlǐ yǒu zhème duō rén]

    I don't know there are so many people here.

    ② 这件衣服这么贵。[Zhè jiàn yīfu zhème guì]

    This shirt is so expensive.

    ③ 那里的天气那么冷。[Nàlǐ de tiānqì nàme lěng]

    The weather there is so cold.

    ④ 这里的天气这么冷。[Zhèlǐ de tiānqì zhème lěng]

    The weather here is so cold.

2. **A 没有**[méiyǒu] **B + 这么**[zhème]/**那么**[nàme] **+ adjective**

    A is not as adjective as B

    E.g. ① 坐出租车没有坐地铁(那么)快。

［Zuò chūzūchē méiyǒu zuò dìtiě（nàme）kuài］

Taking taxi is not as fast as taking metro.

② 这个饭店没有那个饭店好吃。

［Zhè ge fàndiàn méiyǒu nà ge fàndiàn hǎochī］

This restaurant is not as delicious as that one.

③ 这个星期没有上个星期那么忙。

［Zhè ge xīngqī méiyǒu shàng ge xīngqī nàme máng］

This week is not as busy as last week.

Quiz

I. Pronunciation.

 1. Please choose the initials or finals you heard.

    1）A. zhème   B. zěnme

    2）A. ānjìng   B. ànlíng

    3）A. xīfàn   B. shīfàn

    4）A. xiūshì   B. shǒushì

    5）A. nàme   B. nàmèn

    6）A. bànqiú   B. bàngqiú

 2. Please choose the Pinyin you heard.

    1）A. tā měitiān chídào   B. tā měitiān qǐdǎo

    2）A. wǒ hěn xiāngxìn   B. wǒ hěn shāngxīn

    3）A. zhème bù ānjìng   B. zěnme bù ānjìng

    4）A. wǒ méiyǒu tā hǎo   B. wǒ méiyǒu tā gāo

    5）A. qǐng jìng yíxià   B. qǐng tíng yíxià

    6）A. tāmen dōu hěn shú   B. tāmen dōu hěn shòu

II. Form sentences.

1. wèi shénme   nǐ   gāoxìng   zhème
   ___1___   2   3   4

   _____

2. xiǎng   wǒ   yíxià   jìng
    1   2   3   4

   _____

3. zhīdào   nǐ   duō   zhème   Hànzì
    1   2   3   4   5

   _____

4. Zhōngguó   rénkǒu   de   yǒu   duō   nàme
    1   2   3   4   5   6

   _____

5. dàjiā   qǐng   ānjìng   yíxià   ma   hǎo
    1   2   3   4   5   6

   _____

6. wǒ   nàme   tā   méiyǒu   qián   yǒu
    1   2   3   4   5   6

   _____

III. Please translate the following sentences into Chinese.

   1. Your bag is so heavy.

   _____

   2. The bus is not as fast as train.

   _____

   3. The boy is too thin.

   _____

   4. These clothes is too tight, I want a bigger one.

   _____

5. I don't think black tea is as nice as green tea.

_____

6. She is always so quiet, doesn't talk too much.

_____

Please Wait a Moment

Welcome to Elementary Level Six, Lesson Three of **ChineseAny** podcast series teaching Mandarin Chinese. Today we will learn three words: two nouns and one verb. Let's look at them now.

The 1st word is "*yíhuìr* 一会儿".
"*yíhuìr* 一会儿" is a time word; normally we use it as a noun.

There are two meanings for "*yíhuìr* 一会儿". The first meaning is "later", as a time point. So we usually put it before the verb.

> 一会儿
> [yíhuìr]
> later, for a while　noun

For example:

- 我一会儿给你打电话。[Wǒ yíhuìr gěi nǐ dǎ diànhuà]
  I will call you later.
- 我一会儿去机场,你要和我一起去吗?
  [Wǒ yíhuìr qù jīchǎng, nǐ yào hé wǒ yìqǐ qù ma]
  I will go to airport later, Will you go with me?
- 你一会儿在家吗? 我想去看看你。
  [Nǐ yíhuìr zài jiā ma? Wǒ xiǎng qù kànkan nǐ]
  Will you be at home later? I want to see you.
- 万老师一会儿回来。[Wàn lǎoshī yíhuìr huílai]
  Mr. Wan will come back later.

OK, the second meaning is "**for a moment**" or "**for a while**", as a time period, so we normally put it after the verb.

For example：

- 请在这儿等一会儿！［Qǐng zài zhèr děng yíhuìr］

  Please wait for a moment here！

- 我想休息一会儿。［Wǒ xiǎng xiūxi yíhuìr］

  I want to rest for a moment.

- 我们还有时间,看一会儿电影吧。［Wǒmen hái yǒu shíjiān, kàn yíhuìr diànyǐng ba］

  We still have time, Shall we watch a movie for a while?

- 我和我的朋友一起走了一会儿。

  ［Wǒ hé wǒ de péngyǒu yìqǐ zǒu le yíhuìr］

  I walked with my friend for a while.

Now, let's move to the 2nd vocabulary, *dǎsǎo 打扫*. "*dǎsǎo 打扫*" means "to clean".

打扫
［dǎsǎo］
to clean   verb

Let's see some examples：

- 请打扫一下这个房间！［Qǐng dǎsǎo yíxià zhè ge fángjiān］

  Please clean this room！

- 我每个星期打扫三次房间。

  ［Wǒ měi gè xīngqī dǎsǎo sān cì fángjiān］

  I clean my room three times a week.

- 谢谢你帮我打扫我的家。［Xièxie nǐ bāng wǒ dǎsǎo wǒ de jiā］

  Thank you for helping me to clean my home.

- 明天我不上班,我们一起打扫吧。

  ［Míngtiān wǒ bú shàng bān, wǒmen yìqǐ dǎsǎo ba］

  I don't go to work tomorrow, let's clean together.

● 他打扫得很快。[Tā dǎsǎo de hěn kuài]
He cleaned very fast.

Great, let's finish the 3rd vocabulary,
"*hùzhào 护照*". "*hùzhào 护照*" means
"passport". "*hù 护*" means "to protect";
"*zhào 照*" means "one kind of license".

护照
[hùzhào]
passport   noun

Let's use it in some examples：
● 您好,请给我看一下您的护照。
[Nín hǎo, qǐng gěi wǒ kàn yíxià nín de hùzhào]
Hello, please show me your passport.
● 他有两本护照。[Tā yǒu liǎng běn hùzhào]
He has two passports.
● 我的护照在哪儿? [Wǒ de hùzhào zài nǎr]
Where is my passport?
● 没有护照不可以买飞机票。[Méiyǒu hùzhào bù kěyǐ mǎi fēijī piào]
You cannot buy plane ticket without passport.

Great, let's review some action-measure
words, which we have learned before.
The 1st one is "*yí cì 一次*"
The 2nd one is "*yí biàn 一遍*"
The 3rd one is "*yíxià 一下*"
The 4th one is "*yíhuìr 一会儿*"

一次	一遍
[yí cì]	[yí biàn]
one time	one time
一下	一会儿
[yíxià]	[yíhuìr]
A little bit	for a while

➤ "*yí cì 一次*" means "time(s)", to
emphasize the experience of the activity.
➤ "*yí biàn 一遍*" means "time(s)", used together with "read,
look, listen, speak, write", normally to emphasize the same action

repeated.

➤ "*yíxià* 一下" means "a little bit". Normally we use it after the verb to show the informal and polite way.

➤ "*yíhuìr* 一会儿" means "for a while, or later", It's a time word.

Let's compare them in the sentences：

● 我去过北京三次。[Wǒ qù guo Běijīng sān cì]

I have been to Beijing for three times.

● 请再读一遍！[Qǐng zài dú yí biàn]

Please read it again！

● 一会儿，我想休息一下。[Yíhuìr, wǒ xiǎng xiūxi yíxià]

Later, I want to have a rest.

● 请您看一下。[Qǐng nín kàn yíxià]

Please have a look.

Great, let's do some exercise to practice what we learned today.

● 这是谁的护照？
[Zhè shì shuí de hùzhào]
Whose passport is this?

● 他不常常打扫他的家。
[Tā bù chángcháng dǎsǎo tā de jiā]
He doesn't clean his house very often.

● 我睡了一会儿。
[Wǒ shuì le yíhuìr]
I slept for a while.

● 一会儿，我们一起去吃饭吧。
[Yíhuìr, wǒmen yìqǐ qù chī fàn ba]
Let's go for dinner later.

● 一会儿，我去朋友的家帮他打扫房间。

[Yíhuìr, wǒ qù péngyou de jiā bāng tā dǎsǎo fángjiān]

I will go to help my friend to clean his room later.

Great，so that wraps up today's lesson. Hope you have learned something there. Download our app to access our Chinese lessons，remember you can learn Chinese anywhere，anytime with **ChineseAny**.

Word List

Main Vocabulary		
一会儿[yíhuìr] later, for a while	打扫[dǎsǎo] to clean	护照[hùzhào] passport

Notes

A time word "一会儿[yíhuìr]"

◇ **As a time point：subject ＋一会儿[yíhuìr] ＋ verb**

E. g. ① 他想一会儿去商店。[Tā xiǎng yíhuìr qù shāngdiàn]

He wants to go to the shop later.

② 我们一会儿要回办公室。

[Wǒmen yíhuìr yào huí bàngōngshì]

We will go back to office later.

③ 一会儿，我们去打乒乓球吧。

[Yíhuìr, wǒmen qù dǎ pīngpāngqiú ba]

Let's go to play ping-pong later.

◇ **As a time period：subject ＋ verb ＋一会儿**[yíhuìr]

E. g. ① 我要开会,请等我一会儿吧。

　　　[Wǒ yào kāihuì, qǐng děng wǒ yíhuìr ba]

　　　I have a meeting, please wait for me for a while.

② 我想再看一会儿电影。

　　　[Wǒ xiǎng zài kàn yíhuìr diànyǐng]

　　　I want to watch a movie for a while.

③ 今天他有空,我们要去打一会儿网球。

　　　[Jīntiān tā yǒu kòng, wǒmen yào qù dǎ yíhuìr wǎngqiú]

　　　He is free today, so we want to go to play tennis for a while.

◯ Quiz

I. Pronunciation.

　1. Please choose the initials or finals you heard.

　　1）A. dǎsǎo　　　　　　　B. dǎzào

　　2）A. yíhuìr　　　　　　　B. yìhuì

　　3）A. shǎochī　　　　　　B. xiǎochī

　　4）A. gùzhàng　　　　　　B. gǔzhǎng

　　5）A. bā lóu　　　　　　　B. bā kǒu

　　6）A. jiāotì　　　　　　　B. jiàodī

　2. Please choose the Pinyin you heard.

　　1）A. wǒ yào běnzi　　　　B. wǒ yào pánzi

　　2）A. tā zuò wǎn le　　　　B. tā zuò wán le

　　3）A. jīntiān zhuāng chē le　　B. jīntiān zhuàng chē le

　　4）A. búyào zài zhǎo le　　　B. bú yào hùzhào le

　　5）A. wǒ xiǎng xuéxí yíhuìr　　B. wǒ xiǎng xiūxi yíhuìr

　　6）A. xiě le liǎng biàn　　　B. xué le liǎng biàn

II. Form sentences.

1. <u>kěyǐ</u>   <u>zhèlǐ</u>   <u>nǐ</u>   <u>xiūxi</u>   <u>zài</u>   <u>yíhuìr</u>
    1   2   3   4   5   6

    _____

2. <u>dǎsǎo</u>   <u>qǐng</u>   <u>zhè ge</u>   <u>yíxià</u>   <u>bàngōngshì</u>
    1   2   3   4   5

    _____

3. <u>tā</u>   <u>míngtiān</u>   <u>qù</u>   <u>hùzhào</u>   <u>ná</u>
    1   2   3   4   5

    _____

4. <u>yíhuìr</u>   <u>qù</u>   <u>zhǎo</u>   <u>nǐ</u>   <u>wǒ</u>
    1   2   3   4   5

    _____

5. <u>yì</u>   <u>xué</u>   <u>liǎng</u>   <u>xīngqī</u>   <u>wǒ</u>   <u>Hànyǔ</u>   <u>cì</u>
    1   2   3   4   5   6   7

    _____

6. <u>wǒ</u>   <u>guo</u>   <u>sān</u>   <u>lái</u>   <u>zhèlǐ</u>   <u>cì</u>
    1   2   3   4   5   6

    _____

III. Please translate the following sentences into Chinese.

1. See you later.

    _____

2. Can you wait me for a while here?

    _____

3. Who helps you to clean the room?

    _____

4. He plays tennis four times each month.

    _____

5. Don't forget to bring your passport.

_____

6. This passport is not mine, it's hers.

_____

It's Time to Get up

Welcome to Elementary Level Six, Lesson Four of **ChineseAny**
podcast series teaching Mandarin Chinese. Today we will learn three
words: one modal verb, one verb and one noun. Let's look at them
now.

The 1ˢᵗ vocabulary is "*yīnggāi 应该*".
"*yīnggāi 应该*" is a modal verb, which
means "should". We normally use it after
the subject and before the verb.

> 应该
> [yīnggāi]
> should   modal verb

For example:
- 你应该常常说汉语。[Nǐ yīnggāi chángcháng shuō Hànyǔ]
  You should often speak Chinese.
- 你应该早一点儿去睡觉。[Nǐ yīnggāi zǎo yìdiǎnr qù shuìjiào]
  You should go to bed earlier.
- 有时间的时候你应该多运动。[Yǒu shíjiān de shíhou nǐ yīnggāi
  duō yùndòng]
  You should do more sports when you have time.
- 你应该给我们介绍一下你的朋友。
  [Nǐ yīnggāi gěi wǒmen jièshào yíxià nǐ de péngyǒu]
  You should introduce your friend to us.

OK, let's learn one sentence format, which is related with "*yīnggāi* 应该". That is "*gāi . . . le* 该……了". It means "it's time to do . . .".

> S. + 该 + Verb + 了
>   [gāi]   [le]
> It's time to . . .

For example，
- 我该回家了。[Wǒ gāi huí jiā le]
  It's time for me to go home.
- 很晚了, 你该睡觉了。[Hěn wǎn le, nǐ gāi shuìjiào le]
  It's late. It's time for you to go to sleep.
- 你爸爸该去上班了。[Nǐ bàba gāi qù shàng bān le]
  It's time for your father to go to work.
- 我们该下课了。[Wǒmen gāi xià kè le]
  It's time to finish the class.

OK, let's move to the 2nd vocabulary, "*qǐchuáng* 起床". "*qǐchuáng* 起床" means "to get up". "*qǐ* 起" means "to get up", a verb; "*chuáng* 床" means bed, a noun. Get up from the bed, in Chinese is "*qǐchuáng* 起床".

> 起床
> [qǐchuáng]
> to get up   verb

For example：
- 他每天早上六点起床。[Tā měitiān zǎoshang liù diǎn qǐchuáng]
  He gets up at 6 a.m. everyday.
- 该起床了。[Gāi qǐchuáng le]
  It's time to get up.
- 周末你常常几点起床? [Zhōumò nǐ chángcháng jǐ diǎn qǐchuáng]
  What time do you get up on weekend?

- 他已经起床了,他在看书。[Tā yǐjīng qǐchuáng le, tā zài kàn shū]
  He got up already, he is reading book now.

In Chinese, we also use "*qǐlái 起来*" to express "get up", sometimes it doesn't mean "to get up from the bed". It means to move away or stand up.

For example:

- 他已经起来了,你可以进他的房间。
  [Tā yǐjīng qǐlái le, nǐ kěyǐ jìn tā de fángjiān]
  He already got up, you can go into his room.

- 爸爸起来以后,我们一起去吃早饭。
  [Bàba qǐlái yǐhòu, wǒmen yìqǐ qù chī zǎofàn]
  After your Dad gets up, let's go to have breakfast together.

Great, let's finish our the last vocabulary, "*yào 药*". "*yào 药*" means "medicine", and it's a noun.

> 药
> [yào]
> medicine   noun

"to take medicine" in Chinese is "*chī yào 吃药*";

"to buy medicine" in Chinese is "*mǎi yào 买药*";

"the pharmacy" in Chinese is "*yàodiàn 药店*".

Let's make some sentences with "*yào 药*":

- 不舒服的时候,你可以吃一点儿药。
  [Bù shūfu de shíhou, nǐ kěyǐ chī yìdiǎnr yào]
  You need take some medicine when you feel uncomfortable.

- 我去最近的药店买药。[Wǒ qù zuìjìn de yàodiàn mǎi yào]
  I will go to the closest pharmacy to buy medicine.

- 我非常不喜欢吃药。[Wǒ fēicháng bù xǐhuan chī yào]

I really don't like to take medicine.

- 因为我生病了，所以要吃药，一天三次。［Yīnwèi wǒ shēngbìng le, suǒyǐ yào chī yào, yì tiān sān cì］

Because I got sick, I need take medicine three times a day.

Great，let's practice what we have learned today.

- 已经七点了，我该去接孩子们了。

  ［Yǐjīng qī diǎn le, Wǒ gāi qù jiē háizi men le］

  It's already seven o'clock, so it is time for me to pick up my kids.

- 请问，这儿附近有药店吗?

  ［Qǐng wèn, zhèr fùjìn yǒu yàodiàn ma］

  Excuse me, is there any pharmacy near here?

- 你该吃药了。

  ［Nǐ gāi chī yào le］

  It's time for you to take medicine.

- 我的新床很大，很舒服。

  ［Wǒ de xīn chuáng hěn dà, hěn shūfu］

  My new bed is big and comfortable.

- 他今天九点起床。

  ［Tā jīntiān jiǔ diǎn qǐchuáng］

  He got up at nine today.

● 因为下班的时候车很多，所以我们应该坐地铁。

[Yīnwèi xià bān de shíhou chē hěn duō, suǒyǐ
wǒmen yīnggāi zuò dìtiě]

We should take metro because there is a lots of cars
during the off-work time.

Great, so that wraps up today's lesson. Hope you have learned something there. Download our app to access our Chinese lessons, remember you can learn Chinese anywhere, anytime with *ChineseAny*.

Word List

Main Vocabulary		
应该[yīnggāi] should	起床[qǐchuáng] to get up	药[yào] medicine
Additional Vocabulary		
该……了[gāi … le] It time to …	起[qǐ] to get up	床[chuáng] bed
起来[qǐlái] to get up	药店[yàodiàn] drugstore	

Notes

该……了[gāi … le]: **the auxiliary**

Subject + 该[gāi] **+ verb + object + le.**

E. g. ① 八点了，我们该吃早饭了。

[Bā diǎn le, wǒmen gāi chī zǎofàn le]

It is eight o'clock, it is time for us to have breakfast.

② 我该给妈妈打电话了。

[Wǒ gāi gěi māma dǎ diànhuà le]

It is time for me to call my Mom.

③ 下个星期我该去换书了。

[Xià ge xīngqī wǒ gāi qù huàn shū le]

It is time to change the book next week.

④ 明天是星期一，该上班了。

[Míngtiān shì xīngqīyī, gāi shàng bān le]

Tomorrow is Monday, so it is time to go to work.

Quiz

I. Pronunciation.

1. Please choose the initials or finals you heard.

1) A. yǐnkāi   B. yīnggāi

2) A. dàchuáng   B. dàchuán

3) A. chī yào   B. cì yào

4) A. bāi kāi   B. bā kāi

5) A. zìcháo   B. zhìzào

6) A. shūxǐ   B. shuǐxǐ

2. Please choose the Pinyin you heard.

1) A. gāi chī yào le   B. gāi chídào le

2) A. nǐ qǐ de hěn zǎo   B. nǐ qù de hěn zǎo

3) A. tā mǎi le chuán   B. tā mǎi le chuáng

4) A. wǒ yào bā kē   B. wǒ yào bàkè

5) A. zhèngzài nǔlì   B. zhèngzài jìnlì

6) A. tā zài chī lí   B. tā zài qí lǘ

II. Form sentences.

1. yīnggāi   nǐ   duìbuqǐ   shuō
    1   2   3   4

_____

2. tāmen   qù   dìtiě   yīnggāi   zuò
    1   2   3   4   5

_____

3. háizi   zǎo   shuì   yīnggāi   yìdiǎnr
    1   2   3   4   5

_____

4. tā   jǐ   qǐchuáng   chángcháng   diǎn
    1   2   3   4   5

_____

5. le   tā   chī   yào   yǐjīng
    1   2   3   4   5

_____

6. yǒu   zhīdào   ma   yàodiàn   nǐ   nǎlǐ
    1   2   3   4   5   6

_____

III. Please translate the following sentences into Chinese.

1. You should have breakfast everyday.

_____

2. Should I take my passport?

_____

3. It's time to prepare the dinner.

_____

4. It's already eight. It's time for you to go to work.

_____

5. Excuse me, where can I buy this medicine?

_____

6. He was sick, he should take some medicine.

_____

We Are the Same

Welcome to Elementary Level Six, Lesson Five of **ChineseAny**, podcast series teaching Mandarin Chinese. Today we will learn three words: one preposition and two adjectives. Let's look at them now.

The 1ˢᵗ vocabulary is "*gēn* 跟".
"*gēn* 跟" means "with", a preposition.
In English, we usually say "to do something with somebody". In Chinese, the format is "*gēn* 跟 *somebody to do something*". You may also add "*yìqǐ* 一起" to emphasize "to do something with sb. together".

跟
[gēn]
with   preposition

跟 + Sb. + 一起 + Verb
[gēn]   [yìqǐ]
with somebody together
to do sth.

For example:
- 请跟我来。[Qǐng gēn wǒ lái]
  Please come with me. (Please follow me.)
- 请跟我读一下。[Qǐng gēn wǒ dú yíxià]
  Please read with me. (Please read after me.)
- 我跟你一起去吧。[Wǒ gēn nǐ yìqǐ qù ba]
  Let me go with you.
- 星期六我要跟我的朋友一起去跳舞。
  [Xīngqīliù wǒ yào gēn wǒ de péngyou yìqǐ qù tiàowǔ]

I will go to dance with my friend on Saturday.

OK，let's move to the 2nd vocabulary，
"*yíyàng 一样*". "*yíyàng 一样*" means
"same".

> 一样
> [yíyàng]
> same adjective

We normally use the format "*A gēn
跟 B yíyàng 一样*" to express "A is the
same as B".

> A 跟 B 一样
> [gēn] [yíyàng]
> A is the same as B

and "*A gēn 跟 B bù yíyàng 不一样*" to
express "A is different with B".

> A 跟 B 不一样
> [gēn] [bù yíyàng]
> A is different with B

For example：
- 我的生日跟你的一样。[Wǒ de shēngrì gēn nǐ de yíyàng]
  My birthday is the same with yours.
- 你的习惯跟你爸爸的一样。[Nǐ de xíguàn gēn nǐ bàba de yíyàng]
  Your habit is the same with your father's.

Also，you may put an adjective after "*yíyàng 一样*".
The format is "*A 跟 B 一样+ adj.* "

> A 跟 B 一样 + adj.
> [gēn] [yíyàng]
> A is as adjective as B

For example：
- 今天跟昨天一样冷。[Jīntiān gēn zuótiān yíyàng lěng]
  Today is as cold as yesterday.
- 他这个星期跟上个星期一样忙。
  [Tā zhè ge xīngqī gēn shàng ge xīngqī yíyàng máng]
  This week he is as busy as last week.

- 我跟他不一样大。[Wǒ gēn tā bù yíyàng dà]
  I'm not as old as him.
- 这个楼跟那个楼不一样高。[Zhè ge lóu gēn nà ge lóu bù yíyàng gāo]
  This building is not as high as that one.

Great, let's finish the last character, "*pàng 胖*". "*pàng 胖*" means "plump, fat, or gain weight". We only use it for the person.

胖
[pàng]
plump, fat   adjective

For example：
- 她有点儿胖。[Tā yǒudiǎnr pàng]
  She is a little bit fat.
- 你太胖了,应该瘦一点儿。[Nǐ tài pàng le, yīnggāi shòu yìdiǎnr]
  You are too fat, so you should be thinner.
- 你不应该说她太胖了。[Nǐ bù yīnggāi shuō tā tài pàng le]
  You shouldn't say she is too fat.
- 我觉得小孩子胖一点很可爱。
  [Wǒ juéde xiǎo háizi pàng yìdiǎn hěn kě'ài]
  I think it is cute if the kid is a little fat.

Great, let's practice what we have learned today.

- 我跟我的家人一起住。
  [Wǒ gēn wǒ de jiārén yìqǐ zhù]
  I live with my families together.

- 我跟她一样,都是中国人。
  [Wǒ gēn tā yíyàng, dōu shì Zhōngguó rén]
  I'm the same with her, and both of us are Chinese.

- 女孩子都不喜欢胖。

  [Nǚháizi dōu bù xǐhuan pàng]

  All girls don't like to be fat.

- 打网球跟打乒乓球一样难。

  [Dǎ wǎngqiú gēn dǎ pīngpāngqiú yíyàng nán]

  Playing tennis is as difficult as playing Ping-pong.

- 我跟我的朋友在一个公司，可是我们的工作不一样。

  [Wǒ gēn wǒ de péngyou zài yí gè gōngsī, kěshì wǒmen de gōngzuò bù yíyàng]

  I work at the same company with my friend, but our jobs are different.

- 太胖了，对你的身体不好。

  [Tài pàng le, duì nǐ de shēntǐ bù hǎo]

  It is bad to be overweight for your health.

- 我跟她的年纪一样大。

  [Wǒ gēn tā de niánjì yíyàng dà]

  I am at same age with her.

Great, so that wraps up today's lesson. Hope you have learned something there. Download our app to access our Chinese lessons, remember you can learn Chinese anywhere, anytime with **ChineseAny**.

Word List

Main Vocabulary		
跟 [gēn] with	一样 [yíyàng] same	胖 [pàng] fat, plump

Notes

The pronoun "跟[gēn]**" = "和**[hé]**"**

Subject + 跟[gēn]**/和**[hé] **+ subject + （一起 yìqǐ） + verb + object**

Subject + 跟[gēn]**/和**[hé] **+ subject + 一样 yíyàng + adjective**

E. g. ① 她跟我做一样的工作。[Tā gēn wǒ zuò yíyàng de gōngzuò]

She does the same job as me.

② 明天我跟她一起去北京。[Míngtiān wǒ gēn tā yìqǐ qù Běijīng]

Tomorrow I am going to Beijing with her.

③ 孩子跟妈妈一样漂亮。[Háizi gēn māma yíyàng piàoliang]

The child is as pretty as her mom.

④ 今天下班我和我的男朋友一起去商店。

[Jīntiān xià bān wǒ hé wǒ de nán péngyou yìqǐ qù shāngdiàn]

I will go to shop with my boyfriend after work.

Quiz

I. Pronunciation.

1. Please choose the initials or finals you heard.

1) A. gēnsuí   B. gāncuì

2) A. yíyàng   B. yítàng

3) A. pàngzi   B. bàngzi

4) A. míngzi   B. miànzi

5) A. yuányóu   B. yuántóu

6) A. qíngtiān   B. qǐngjiǎn

2. Please choose the Pinyin you heard.

1) A. qǐng bú yào hǎn wǒ   B. qǐng bú yào hèn wǒ

2) A. yí ge niǎolóng   B. yí ge lǎo nóng

3) A. nǐ juéde pàng ma   B. nǐ juéde tàng ma

4) A. qiánmian tài dǔ le   B. qiánmian tài tū le

5) A. tā de shǒujī búcuò   B. tā de shǒuqì búcuò

6) A. qǐng gēn wǒ dú yíxià   B. qǐng gēn wǒ tú yíxià

II. Form sentences.

1. <u>nǐ</u>   <u>shuí</u>   <u>zhù</u>   <u>yìqǐ</u>   <u>gēn</u>
    1   2   3   4   5

_____

2. <u>nǐ</u>   <u>gēn</u>   <u>dà</u>   <u>yíyàng</u>   <u>wǒ</u>
    1   2   3   4   5

_____

3. <u>qǐng</u>   <u>xué</u>   <u>bú yào</u>   <u>gēn</u>   <u>tā</u>
    1   2   3   4   5

_____

4. <u>zhè</u>   <u>liǎng</u>   <u>dà</u>   <u>fángjiān</u>   <u>yíyàng</u>   <u>ge</u>   <u>ma</u>
    1   2   3   4   5   6   7

_____

5. <u>Shànghǎi</u>   <u>tiānqì</u>   <u>bù</u>   <u>de</u>   <u>gēn</u>   <u>yíyàng</u>   <u>Běijīng</u>
    1   2   3   4   5   6   7

_____

6. <u>zuìjìn</u>   <u>yǒudiǎnr</u>   <u>tā</u>   <u>le</u>   <u>pàng</u>
    1   2   3   4   5

_____

III. Please translate the following sentences into Chinese.

1. Can I go there with you?

_____

2. I study Chinese with my friends.

_____

3. Please read this character after me.

_____

4. This room is as quite as that one.

_____

5. She is same with me, we all just arrived in this company.

_____

6. Don't eat too much, you are too fat recently.

_____

It Seems. . .

Welcome to Elementary Level Six, Lesson Six of **ChineseAny** podcast series teaching Mandarin Chinese. Today we will learn three words: two verbs and one adjective. Let's look at see them now.

The 1st vocabulary is "*kàn qǐlái* 看起来".
"*kàn qǐlái* 看起来" means "it seems", or "look as if" (based on what is known as so far).
"*kàn* 看" means "to see, to look". "*qǐlái* 起来", we learned it in Lesson four, means "up". But "*qǐlái* 起来" has many meanings in Chinese, in this phrase, "*qǐlái* 起来" is a suffix, which is used to indicate "the time when you look . . . ".

> 看起来
> [kàn qǐlái]
> it seems   verb

For example:
- 看起来他很高兴。[Kàn qǐlái tā hěn gāoxìng]
  It seems that he is very happy.
- 看起来他有点儿不舒服。[Kàn qǐlái tā yǒudiǎnr bù shūfu]
  It seems that he is a little uncomfortable.
- 看起来要下雨了。[Kàn qǐlái yào xiàyǔ le]
  It seems that it's going to rain.
- 看起来他今天没有时间上汉语课。[Kàn qǐlái tā jīntiān méiyǒu shíjiān shàng Hànyǔ kè]
  It seems that he has no time for Chinese class today.

If "*kàn qǐlái* 看起来" means "to look like . . . ", you may change "*kàn* 看" to "*tīng* 听". So "*tīng qǐlái* 听起来" means "hear like" (based on what is known so far). You can also use "*chī qǐlái* 吃起来", and it means "taste like".

For example：

- 听起来他在上海过得不错。[Tīng qǐlái tā zài Shànghǎi guò de búcuò]

  (After hearing his talk) It seems that he has a great time in Shanghai.

- 听起来你不太喜欢他。[Tīng qǐlái nǐ bú tài xǐhuan tā]

  (After hearing his complain) It seems that you don't like him very much.

- 这个菜吃起来不错。[Zhè ge cài chī qǐlái búcuò]

  (After tasting) This dish is quite good.

OK, let's move to the 2nd vocabulary, "*míngbai* 明白". "*míngbai* 明白" means "to understand". We learned "*dǒng* 懂" before, but the difference between them is, "*míngbai* 明白" focuses on understanding the meaning of the language, the sentences and the words. But "*dǒng* 懂" may not only be used for understanding the meaning, also for understanding or getting some skills.

明白
[míngbai]
to understand   verb/adjective

明白[míngbai] + meaning

懂[dǒng] + skill/meaning

For example：

- Do you understand what I mean?

"*Nǐ míngbai wǒ de yìsi ma* 你明白我的意思吗？"

or "*Nǐ dǒng wǒ de yìsi ma* 你懂我的意思吗？"

- 你懂做饭吗？［Nǐ dǒng zuòfàn ma］

  Do you know (understand) how to cook?

- 你懂这件事怎么做吗？［Nǐ dǒng zhè jiàn shì zěnme zuò ma］

  Do you know how to do this?

- 我不懂汉语，但是我明白"你好"的意思。

  ［Wǒ bù dǒng Hànyǔ, dànshì wǒ míngbai "nǐhǎo" de yìsi］

  I don't know Chinese, but I understand what "nihao" means.

- 我不明白他为什么不接我的电话。

  ［Wǒ bù míngbai tā wèi shénme bù jiē wǒ de diànhuà］

  I don't know why he didn't pick up my phone.

Now, let's finish the 3ʳᵈ vocabulary, "*máfan* 麻烦". "*máfan* 麻烦" can be used as a verb and an adjective.

麻烦	
［máfan］	
to trouble	verb
troublesome	adjective

➤ As a verb, we only use it when you ask for somebody's help. It means "I'm sorry to trouble you, but please help me . . . ."

For example：

- 麻烦你给我看一下那件蓝色的衣服。［Máfan nǐ gěi wǒ kàn yíxià nà jiàn lánsè de yīfu］

  Excuse me, please show me the blue clothes.

- 麻烦你给我一瓶啤酒。［Máfan nǐ gěi wǒ yì píng píjiǔ］

  Please give me one bottle of beer.

➤ As an adjective, it just means "to be troublesome".

For example,

- 请不要给我买礼物，太麻烦了。［Qǐng bú yào gěi wǒ mǎi lǐwù, tài

máfan le]

Please don't buy a present for me, it's inconvenient.

- 我听说做韩国饭很麻烦。[Wǒ tīngshuō zuò Hánguó fàn hěn máfan]
I heard that cooking Korean food is quite inconvenient.

Great, let's practice what we have learned today.

- 我不明白她为什么不想去。
 [Wǒ bù míngbai tā wèi shénme bù xiǎng qù]
 I don't understand why she doesn't want to go.

- 看起来他的书包很重。
 [Kàn qǐlái tā de shūbāo hěn zhòng]
 It seems that his school bag is quite heavy.

- 麻烦你帮我拿一下。
 [Máfan nǐ bāng wǒ ná yíxià]
 Please help me to hold it.

- 听起来汉语很难学。
 [Tīng qǐlái Hànyǔ hěn nán xué]
 It seems that Chinese is quite hard to learn.

- 我不明白他说的话是什么意思。
 [Wǒ bù míngbai tā shuō de huà shì shénme yìsi]
 I don't know what is the meaning of his words.

- 这件事太麻烦了。

  [Zhè jiàn shì tài máfan le]

  This thing is too troublesome.

- 这家饭店的菜吃起来很好。

  [Zhè jiā fàndiàn de cài chī qǐlái hěnhǎo]

  It tastes very well in this restaurant.

Great, so that wraps up today's lesson. Hope you have learned something there. Download our app to access our Chinese lessons, remember you can learn Chinese anywhere, anytime with **ChineseAny**.

Word List

Main Vocabulary		
看起来[kàn qǐlái] it seems	明白[míngbai] understand	麻烦[máfan] trouble, troublesome

Notes

1. **看起来**[kàn qǐlái]/**听起来**[tīng qǐlái] **+ sentence**

   E. g. ① 看起来这个饭很好吃。[Kàn qǐlái zhè ge fàn hěn hǎochī]

   It seems that this food is very delicious.

   ② 听起来你还没去过北京。[Tīng qǐlái nǐ hái méi qù guo Běijīng]

   It sounds like that you have never been to Beijing.

③ 看起来他不太喜欢喝咖啡。[Kàn qǐlái tā bú tài xǐhuan hē kāfēi]

It seems like that he doesn't like to drink coffee very much.

④ 听起来他有点不开心。

[Tīng qǐlái tā yǒudiǎn bù kāixīn]

It sounds like that he is not so happy.

2. **The difference between 懂[dǒng] and 明白[míngbai]**

懂[dǒng] + noun/objective. It is a verb.

明白[míngbai] + noun/objective. It is a verb or adjective.

E. g. ① 对不起，我没听懂。[Duìbuqǐ, wǒ méi tīng dǒng]

Sorry, I didn't understand.

② 现在我明白你的意思了。[Xiànzài wǒ míngbai nǐde yìsi le]

Now I got your meaning.

③ 你懂怎么说汉语吗? [Nǐ dǒng zěnme shuō Hànyǔ ma]

Did you know how to speak Chinese?

④ 他不明白怎么做。[Tā bù míngbai zěnme zuò]

He doesn't know how to do.

Quiz

I. Pronunciation.

1. Please choose the initials or finals you heard.

1) A. qǐlái   B. qǐnglái

2) A. kànshū   B. kǎnshù

3) A. míngbai   B. qīngbái

4) A. shūfu   B. shīfu

5) A. wàiyǔ   B. wèiyú

6) A. gānjìng   B. gǎnjǐn

2. Please choose the Pinyin you heard.

1) A. gǎnkuài ná zǒu   B. gǎnkuài lā zǒu

2) A. qǐng xiān kànqí   B. qǐng xiān kàn tí

3) A. zhè shì hēibān   B. zhè shì hēibǎn

4) A. nǐ xǐhuan dǎsǎo ma   B. nǐ xǐhuan dàsǎo ma

5) A. bù chángcháng liánxì   B. bù chángcháng liànxí

6) A. xuéxiào yǒu jiàoshī   B. xuéxiào yǒu jiàoshì

II. Form sentences.

1. kàn   tā   jīntiān   bú   qǐlái   gāoxìng   tài
    1   2   3   4   5   6   7

2. nǐmen   kàn   dōu   hěn   qǐlái   xǐhuan   zhèlǐ
    1   2   3   4   5   6   7

3. nǐ   gàosu   máfan   zuò   zěnme   wǒ   chē
    1   2   3   4   5   6   7

4. máfan   bāng   nín   kàn   wǒ   yíxiàr
    1   2   3   4   5   6

5. wǒ   xiǎng   bù   tā   máfan
    1   2   3   4   5

6. wǒmen   dōu   tā   yìsi   míngbai   de
    1   2   3   4   5   6

III. Please translate the following sentences into Chinese.

1. It seems that she likes these red clothes very much.

2. It seems that you get used to the weather in Shanghai.

_____

3. I heard that living there was quite inconvenient.

_____

4. Could you help me to pick up my kids?

_____

5. I don't understand what he said.

_____

6. I understood why he often comes late.

_____

I Finished Eating My Breakfast

Welcome to Elementary Level Six, Lesson Seven of **ChineseAny** podcast series teaching Mandarin Chinese. Today we will learn three words: two verbs and one noun. Let's look at see them now.

The 1ˢᵗ verb word is "*wán* 完". "*wán* 完" means "finish". Normally we put it after the verb as a suffix to express "finish doing some action". The format is: "verb + wán 完 + object + le 了"

完
[wán]
to finish   verb

Verb + 完 + object + 了
　　　[wán]　　　　　[le]
finish doing some action

For example:
- 学完汉语你想做什么?
  [Xué wán Hànyǔ, nǐ xiǎng zuò shénme]
  What do you want to do after you finish studying Chinese?
- 看完书以后,我们去喝咖啡怎么样?
  [Kàn wán shū yǐhòu, wǒmen qù hē kāfēi zěnmeyàng]
  How about we going to drink coffee after we finish reading books?
- 那个会已经开完了。[Nà ge huì yǐjīng kāi wán le]
  That meeting is already finished.
- 你们都吃完了吗? [Nǐmen dōu chī wán le ma]
  Did you all finish eating?

- 我的咖啡已经喝完了。[Wǒ de kāfēi yǐjīng hē wán le]
  I already finished my coffee.

Now, let's move to the 2nd character, "*bān 搬*". "*bān 搬*" is a verb, it means "to move, to carry". We learned home "*jiā 家*" before, so could you make a new phrase "move home"? Yes, great, that is "*bān jiā 搬家*".

搬
[bān]
to move, carry   verb

Let's see more examples,
- 你可以帮我搬家吗? [Nǐ kěyǐ bāng wǒ bān jiā ma]
  Can you help me move out (of my home)?
- 明天我来帮你搬东西。[Míngtiān wǒ lái bāng nǐ bān dōngxi]
  I'll come to help you move things tomorrow.
- 我需要帮你搬什么? [Wǒ xūyào bāng nǐ bān shénme]
  What do I need to move?
- 他的东西都搬完了。[Tā de dōngxi dōu bān wán le]
  All his stuff was moved out.
- 搬完这些以后,我们休息一下吧。
  [Bān wán zhèxiē yǐhòu, wǒmen xiūxi yíxià ba]
  Let's have a rest after moving out these.

OK, the last vocabulary is "*bàngōngshì 办公室*". "*bàngōngshì 办公室*" means "office"; "*bàngōng 办公*" means "to do business issue"; "*bàn 办*" means "to deal with, to do", "*gōng 公*" means "public", "*shì 室*" means "room".

办公室
[bàngōngshì]
office   noun

Let's see some examples：

● 去我的办公室坐一下吧。［Qù wǒ de bàngōngshì zuò yíxià ba］
My office is on the fourth floor.
Let's go to my office to have a seat.

● 我的办公室在四楼。［Wǒ de bàngōngshì zài sì lóu］
My office is on the fourth floor.

● 你们办公室有几个人？［Nǐmen bàngōngshì yǒu jǐ gè rén］
How many people are there in your office?

● 从办公室到我的新家不远。
［Cóng bàngōngshì dào wǒ de xīn jiā bù yuǎn］
It is not far from the office to my new home.

● 他们今天不办公。［Tāmen jīntiān bú bàngōng］
They do not work today.

● 我们上午十点开始办公。
［Wǒmen shàngwǔ shí diǎn kāishǐ bàn gōng］
We start to work at ten a. m. .

● 我住在这个楼的 2003 室。
［Wǒ zhù zài zhè ge lóu de èrlínglíngsān shì］
I live in Room 2003 of this building.

Great，let's practice what we have learned today.

● 我喝完了咖啡去上班。
［Wǒ hē wán le kāfēi qù shàng bān］
I will go to work after I finish drinking coffee.

● 这本书你看完了吗？
［Zhè běn shū nǐ kàn wán le ma］
Did you finish reading this book?

- 你们什么时候搬家?

  [Nǐmen shénme shíhou bān jiā]

  When will you move?

- 你的办公室在几楼?

  [Nǐ de bàngōngshì zài jǐ lóu]

  Which floor is your office on?

- 他刚向我们介绍完。

  [Tā gāng xiàng wǒmen jièshào wán]

  He has just introduced it to us.

- 请帮我搬一下这个东西。

  [Qǐng bāng wǒ bān yíxià zhè ge dōngxi]

  Please help me to move this.

- 他是我们办公室的新人。

  [Tā shì wǒmen bàngōngshì de xīnrén]

  He is a new in our office.

- 你们周六也办公吗?

  [Nǐmen zhōuliù yě bàngōng ma]

  Do you work on Saturday too?

Great, so that wraps up today's lesson. Hope you have learned something there. Download our app to access our Chinese lessons, remember you can learn Chinese anywhere, anytime with **ChineseAny**.

Word List

Main Vocabulary		
完[wán] to finish	搬[bān] to move, to carry	办公室[bàngōngshì] office
Additional Vocabulary		
搬家[bān jiā] to move home	办公[bàngōng] to do business issue	室[shì] room

Notes

The verb "完[wán]"

Verb + 完[wán] + object + (了[le])

E. g. ① 这本书我已经学完了。[Zhè běn shū wǒ yǐjīng xué wán le]

I have finished learning this book.

② 妈妈洗完衣服了。[Māma xǐ wán yīfu le]

Mum has completed washing the clothes.

③ 今天的汉字你写完了吗? [Jīntiān de Hànzì nǐ xiě wán le ma]

Have you finished writing today's Chinese characters?

④ 我吃完饭再给你打电话。

[Wǒ chī wán fàn zài gěi nǐ dǎ diànhuà]

I'll call you after having dinner.

◯ **Quiz**

I. Pronunciation.

1. Please choose the initials or finals you heard.

1) A. bān wán   B. bàn wán

2) A. bàngōng   B. bānggōng

3) A. húzi   B. fúzì

4) A. qīhēi   B. qǐfēi

5) A. gōnghuì   B. gōngfèi

6) A. jíjù   B. qíqū

2. Please choose the Pinyin you heard.

1) A. wǒmen méiyǒu yuánfèn   B. wǒmen méi yǒu yuànhèn

2) A. zhèngzài kāifā   B. zhèngzài kāihuā

3) A. nàlǐ yǒu shū ma   B. nàlǐ yǒu shù ma

4) A. tā hěn shīwàng   B. tā hěn xīwàng

5) A. quántǐ cānjiā   B. quánbù chānjiǎ

6) A. yīnggāi zuò wán le   B. yīnggāi zǒu wán le

II. Form sentences.

1. chī   wǒ   xiǎng   kàn   shū   wán   fàn
     1   2   3   4   5   6   7

2. chī   yǐjīng   tā   wán   le   yào
     1   2   3   4   5   6

3. Xiǎowáng   bān   zuótiān   jiā   tīngshuō   le
       1   2   3   4   5   6

4. <u>tài</u>   <u>jiā</u>   <u>máfan</u>   <u>le</u>   <u>bān</u>
   1   2   3   4   5

_____

5. <u>zhōumò</u>   <u>nǐmen</u>   <u>bàngōng</u>   <u>ma</u>   <u>yě</u>
    1   2   3   4   5

_____

6. <u>zhēn</u>   <u>bàngōngshì</u>   <u>nǐmen</u>   <u>kàn</u>   <u>búcuò</u>   <u>qǐlái</u>
   1   2   3   4   5   6

_____

III. Please translate the following sentences into Chinese.

1. Let's have a rest after finish cleaning.

_____

2. Where do you want to go after finish watching movie?

_____

3. I don't like to move house, it's too troublesome.

_____

4. How many people are there in your office?

_____

5. I stay in Room 1002 of this building.

_____

6. How long did it cost you to finish learning this book?

_____

She Is Both Pretty and Smart

Welcome to Elementary Level Six, Lesson Eight of **ChineseAny** podcast series teaching Mandarin Chinese. Today we will learn three words: two adjectives and one adverb. Let's look at them now.

The 1st verb sentence format is "*yòu . . . yòu . . .* 又······又······".
"*yòu . . . yòu . . .* 又······又······" means "both . . . and . . .".

We normally use two verbs or adjectives after each "*yòu* 又".

又······又······
[yòu . . . yòu . . .]
both . . . and . . .   adverb

又 + V./Adj + 又 + V./Adj.
[yòu]   [yòu]

For example:

● 今天我又累又饿。[Jīntiān wǒ yòu lèi yòu è]
Today I am both tired and hungry.

● 孩子们又唱歌又跳舞。[Háizi men yòu chànggē yòu tiàowǔ]
The kids are singing and dancing.

● 那个饭店的东西又好吃又便宜。[Nà ge fàndiàn de dōngxi yòu hǎochī yòu piányi]
The food in that restaurant is both delicious and cheap.

● 他又要工作又要学习。[Tā yòu yào gōngzuò yòu yào xuéxí]
He has to work and study.

● 他写得又快又好。[Tā xiě de yòu kuài yòu hǎo]

He writes both quickly and well.

● 那个人又瘦又高。[Nà ge rén yòu shòu yòu gāo]
That person is both thin and tall.

Now, let's move to the 2nd character, "cōngming 聪明". "cōngming 聪明" means "smart, clever".

聪明
[cōngming]
smart, clever adjective

For example：

● 他的女朋友又漂亮又聪明。
[Tā de nǚ péngyou yòu piàoliang yòu cōngming]
His girlfriend is both pretty and smart.

● 这个孩子真聪明。[Zhè ge háizi zhēn cōngming]
This child is really clever.

● 我觉得他没有那么聪明。[Wǒ juéde tā méiyǒu nàme cōngming]
I think he is not so smart.

● 他是我们公司最聪明的人。
[Tā shì wǒmen gōngsī zuì cōngming de rén]
He is the smartest person in our company.

● 他很聪明,知道怎么回答这个问题。
[Tā hěn cōngming, zhīdào zěnme huídá zhè ge wèntí]
He is very smart, he knows how to answer this question.

OK, the last vocabulary is "fāngbiàn 方便". "fāngbiàn 方便" means "convenient". We may use it both as an adjective and as a noun. In today's lesson, we only learn it as an adjective.

方便
[fāngbiàn]
convenient adjective

For example：

- 住在上海很方便。[Zhù zài Shànghǎi hěn fāngbiàn]
  Living in Shanghai is very convenient.

- 地铁比出租车方便。[Dìtiě bǐ chūzūchē fāngbiàn]
  Subway is more convenient than taxi.

- 住在这儿有点儿不方便。[Zhù zài zhèr yǒudiǎnr bù fāngbiàn]
  It's not convenient to live here.

- 你方便的时候，请给我打电话。
  [Nǐ fāngbiàn de shíhou, qǐng gěi wǒ dǎ diànhuà]
  Please call me when you are available.

- 坐地铁又快又方便。[Zuò dìtiě yòu kuài yòu fāngbiàn]
  Taking subway is both fast and convenient.

OK，let's learn one thing more，we studied noodle "*miàn 面*" before，so we may make a new word "instant noodle" "*fāngbiàn miàn 方便面*"，convenient noodle.

方便 + 面
[fāngbiàn] + [miàn]
convenient noodle

For example：

- 我们不常吃方便面。[Wǒmen bù cháng chī fāngbiànmiàn]
  We do not often eat instant noodle.

- 你想吃米饭还是方便面？[Nǐ xiǎng chī mǐfàn háishi fāngbiànmiàn]
  Do you like rice or instant noodle?

Great，let's practice what we have learned today.

● 这个苹果又大又红。

[Zhè ge píngguǒ yòu dà yòu hóng]

This apple is big and red.

● 那个饭店又远又不方便。

[Nà ge fàndiàn yòu yuǎn yòu bù fāngbiàn]

That restaurant is both far and inconvenient.

● 我觉得这本书又难学又没有意思。

[Wǒ juéde zhè běn shū yòu nán xué yòu méiyǒu yìsi]

I think this book is both difficult and boring.

● 他的秘书那么聪明。

[Tā de mìshū nàme cōngming]

His secretary is such smart.

● 你跟他一样聪明。

[Nǐ gēn tā yíyàng cōngming]

You are as smart as he is.

● 他现在正在开会，所以不方便接电话。

[Tā xiànzài zhèngzài kāihuì, suǒyǐ bù fāngbiàn jiē diànhuà]

He is in a meeting right now, so he is not available to answer the phone.

Great, so that wraps up today's lesson. Hope you have learned something there. Download our app to access our Chinese lessons, remember you can learn Chinese anywhere, anytime with **ChineseAny**.

Word List

Main Vocabulary		
又……又[yòu ... yòu] both ... and	聪明[cōngming] smart, clever	方便[fāngbiàn] convenient
Additional Vocabulary		
方便面[fāngbiànmiàn] instant noodles		

Notes

"**又……又**[yòu ... yòu ...]"

又[yòu] **+ v./adj + 又**[yòu] **+ v./adj.**

E.g. ① 那个运动员又跳又跑。[Nà ge yùndòngyuán yòu tiào yòu pǎo]

That athlete is both jumping and running.

② 住在这里又方便又安静。[Zhù zài zhèlǐ yòu fāngbiàn yòu ānjìng]

It's both convenient and quiet to live here.

③ 你的房间又大又漂亮。[Nǐ de fángjiān yòu dà yòu piàoliang]

Your room is both big and nice.

④ 他写得又快又好。[Tā xiě de yòu kuài yòu hǎo]

He writes both fast and well.

Quiz

I. Pronunciation.

1. Please choose the initials or finals you heard.

1) A. cōngyǐng   B. cōngmíng

2) A. fāngbiàn   B. fēnbiàn

3) A. piányi   B. biànyī

4) A. dìtiě   B. dìjiè

5) A. fānbù   B. fēnbù

6) A. qíshí   B. qīshí

2. Please choose the Pinyin you heard.

1) A. yào guā fēng le   B. yào guāfēn le

2) A. gěi wǒ yí bàn miànbāo   B. gěi wǒ yí bàng miànbāo

3) A. tā yǒu yì kē hóngxīn   B. tā yǒu yì kē hóngxīng

4) A. bú yào biǎndàn   B. bú yào piāntǎn

5) A. wǒ yào jīpiào   B. wǒ yào zhīpiào

6) A. nǐ bié fán le   B. nǐ bié tán le

II. Form sentences.

1. tiānqì   hǎo   zhēn   zuìjìn
   1   2   3   4

_____

2. érzi   zhēn   tā   cōngming
   1   2   3   4

_____

3. dìtiě   zuò   Shànghǎi   zài   fāngbiàn   fēicháng
   1   2   3   4   5   6

_____

4. wǒ   cōngming   duō   bǐ   de   tā

   1   2   3   4   5   6

---

5. bié   chángcháng   nǐ   fāngbiànmiàn   chī

   1   2   3   4   5

6. juéde   zhù   fāngbiàn   nǐ   zài   zhèlǐ   ma

   1   2   3   4   5   6   7

III. Please translate the following sentences into Chinese.

1. These apples are both red and big, they look very delicious.

2. This piece of clothes is both cheap and beautiful.

3. He thinks it is not convenient to live there.

4. Cooking instant noodles is both fast and convenient.

5. Please tell me when you are convenient.

6. He spoke very well and clearly.

The Spring Is Coming

Welcome to Elementary Level Six, Lesson Nine of **ChineseAny** podcast series teaching Mandarin Chinese. Today we will learn three words: two adjectives and one noun. Let's look at them now.

The 1st word is "*chūntiān* 春天". "*chūntiān* 春天" means "spring". We also can use the simple one "*chūn* 春".

春天
[chūntiān]
spring   noun

For example:
- 上海的春天不长。[Shànghǎi de chūntiān bù cháng]
  The spring in Shanghai is not long.
- 听说这儿的春天经常下雨。
  [Tīngshuō zhèr de chūntiān jīngcháng xiàyǔ]
  I heard that it often rains here in spring.
- 很多人喜欢春天,因为不冷也不热。
  [Hěn duō rén xǐhuan chūntiān, yīnwèi bù lěng yě bú rè]
  Many people like spring, because it is not too cold or not too hot.
- 春天来了,我们应该常常去外边走走。
  [chūntiān lái le, wǒmen yīnggāi chángcháng qù wàibian zǒuzou]
  Spring is coming, so we should often go outside for a walk.

Now, let's move to the 2nd character, "*nuǎnhuo* 暖和". "*nuǎn huo* 暖和" means "warm". We normally use it only for the weather.

暖和
[nuǎnhuo]
warm   adjective

Let's see the difference between "*rè* 热" and "*nuǎnhuo* 暖和".

You may say：

"*rè shuǐ* 热水",

"*rè chá* 热茶",

"*rè kāfēi* 热咖啡".

热 [rè] + ↗ 水 [shuǐ]
　　　　 → 茶 [chá]
　　　　 ↘ 咖啡 [kāfēi]
(√)

But **cannot** say：

"*nuǎnhuo shuǐ* 暖和水",

"*nuǎnhuo chá* 暖和茶",

"*nuǎnhuo kāfēi* 暖和咖啡".

暖和 [nuǎnhuo] + ↗ 水 [shuǐ]
　　　　　　　 → 茶 [chá]
　　　　　　　 ↘ 咖啡 [kāfēi]
(x)

Let's see some examples,

- 最近天气很暖和。[Zuìjìn tiānqì hěn nuǎnhuo]
  Recently the weather is very warm.

- 这个房间很暖和。[Zhè ge fángjiān hěn nuǎnhuo]
  This room is very warm.

- 今天比昨天暖和。[Jīntiān bǐ zuótiān nuǎnhuo]
  Today is warmer than yesterday.

- 天气暖和的时候我们搬家。[Tiānqì nuǎnhuo de shíhou wǒmen bānjiā]
  We will move house when the weather is getting warm.

OK, the last character is "*jiù* 旧". "*jiù* 旧" means "old, used". Before we learned "*lǎo* 老", it also

旧
[jiù]
old   adjective

means "old", but we normally use "*lǎo* 老" for the person, to express "the age" or "the time". We use "*jiù* 旧" to express "things are used, not new".

For example,

- 老人 [lǎo rén]
  old people

- 老朋友 [lǎo péngyou]
  old friend

- 旧东西 [jiù dōngxi]
  old things

- 旧手机 [jiù shǒujī]
  old phone

- 这件衣服太旧了。 [Zhè jiàn yīfu tài jiù le]
  This shirt is too old.

- 这个车是新的还是旧的？ [Zhè ge chē shì xīn de háishi jiù de]
  Is this car new or old?

- 这本书太旧了，我想换一本新的。 [Zhè běn shū tài jiù le, wǒ xiǎng huàn yì běn xīn de]
  This book is too old, and I want to change a new one.

- 他每天都骑那辆旧自行车去上班。 [Tā měitiān dōu qí nà liàng jiù zìxíngchē qù shàng bān]
  He goes to work by that old bike everyday.

- 他们是老朋友，认识很多年了。 [Tāmen shì lǎo péngyou, rènshi hěn duō nián le]
  They are old friends, and they have known each other for many years.

Great, let's practice what we have learned today.

- 春天天气很暖和。
  [Chūntiān tiānqì hěn nuǎnhuo]
  The weather is very warm in spring.

- 这件衣服又暖和又舒服。
  [Zhè jiàn yīfu yòu nuǎnhuo yòu shūfu]
  This dress is warm and comfortable.

- 我喜欢旧东西。
  [Wǒ xǐhuan jiù dōngxi]
  I like the old things.

- 他每天在那里卖旧书。
  [Tā měitiān zài nàlǐ mài jiù shū]
  He sells old books there everyday.

- 春天要来了，但是天气还是这么冷。
  [Chūntiān yào lái le, dànshì tiānqì háishi zhème lěng]
  The spring is coming soon, but the weather is still so cold.

- 你知道在哪儿可以卖这些旧报纸吗？
  [Nǐ zhīdào zài nǎr kěyǐ mài zhèxiē jiù bàozhǐ ma]
  Do you know where I can sell these old newspapers?

Great, so that wraps up today's lesson. Hope you have learned something there. Download our app to access our Chinese lessons, remember you can learn Chinese anywhere, anytime with **ChineseAny**.

◖ **Word List**

Main Vocabulary		
春天[chūntiān] spring	暖和[nuǎnhuo] warm	旧[jiù] old

Additional Vocabulary		
暖［nuǎn］ warm		

◯ **Notes**

Sentence + 了［le］

E. g. ① 春天已经来了。［Chūntiān yǐjīng lái le］

The spring has come.

② 我有男朋友了。［Wǒ yǒu nán péngyou le］

I have a boyfriend. (I hadn't before)

③ 他的病好了。［Tā de bìng hǎo le］

He has recovered. (He was sick.)

④ 雨停了,我们走吧。［Yǔ tíng le, wǒmen zǒu ba］

The rain has stopped, let's go.

◯ **Quiz**

I. Pronunciation.

1. Please choose the initials or finals you heard.

1) A. chūntiān   B. chūnlián

2) A. qiūtiān   B. qītiān

3) A. jiùchē   B. qiúchē

4) A. nuǎnhuo   B. nuǎnhú

5) A. cízhí   B. zhīchí

6) A. xūxīn   B. shūxīn

2. Please choose the Pinyin you heard.

1) A. nǐ yīnggāi jiù rén   B. nǐ yīnggāi qiú rén

2) A. fángjiān tài nuǎn le   B. fángjiān tài luàn le

3) A. fángzi zài nǎlǐ   B. fángzi zài nàlǐ

4) A. zhè bú shì wǒ de chǐzi   B. zhè bú shì wǒ de zhízi

5) A. zhēnde bù xíng ma   B. zhēnde bú xìn ma

6) A. wǒ qí le hěn jiǔ   B. wǒ tí le hěn jiǔ

II. Form sentences.

1. nǐ   xǐhuan   chūntiān   Běijīng   ma   de
   1   2   3   4   5   6

2. chūntiān   lái   yào   le
   1   2   3   4

3. juéde   nà   fángjiān   nǐ   ma   nuǎnhuo   ge
   1   2   3   4   5   6   7

4. tāmen   zhèlǐ   bú   bàngōng   le   zài
   1   2   3   4   5   6

5. tāmen   dà   shì   xuésheng   le
   1   2   3   4   5

6. zhè   kàn   fángzi   jiù   ge   hěn   qǐlái
   1   2   3   4   5   6   7

III. Please translate the following sentences into Chinese.

1. We will travel to Hangzhou this spring.

2. I don't like spring here, because it often rains.

_____

3. I think today is warmer than yesterday.

_____

4. It's already ten, it's time to get up.

_____

5. This bicycle is too old, I'd like to change a new one.

_____

6. Do you know where I can buy old books?

_____

Sorry, I'm Late Again

Welcome to Elementary Level Six, Lesson Ten of **ChineseAny** podcast series teaching Mandarin Chinese. Today we will learn three words: one adverb and two verbs. Let's look at them now.

The 1st adverb is "yòu 又". "yòu 又" means "again".

> 又
> [yòu]
> again   adverb

Because the repeated action is already happened, we often use "le 了" at the end of the sentence. The format is "yòu ... le 又……了".

> S. + 又 + verb + 了 + m.w. + noun
> [yòu]   [le]

➢ We learned "zài 再" before. It also means "again". "zài 再" + verb — will do something again, in future tense. It indicates the verb after "zài 再" hasn't happened yet.

> 再[zài]   again
> WILL do something again
> FUTURE TENSE

➢ "yòu 又" + verb — did something or something happened again.

And normally the person feels

> 又[yòu]   again
> DID something again
> PAST TENSE

dissatisfied when he/she uses "*yòu . . . le* 又……了".

For example：

- 我又说了一遍。［Wǒ yòu shuō le yí biàn］

    I said it again.

- 昨天晚上我又喝啤酒了。［Zuótiān wǎnshang wǒ yòu hē píjiǔ le］

    I drank beer again last night.

- 对不起，我又说错了。［Duìbuqǐ, wǒ yòu shuō cuò le］

    Sorry, I said it wrongly again.

- 他怎么又来了？［Tā zěnme yòu lái le］

    Why did he come again?

- 他又换了一辆新车。［Tā yòu huàn le yí liàng xīn chē］

    He changed a new car again.

Now let's move to the 2nd character "*chídào* 迟到". "*chídào* 迟到" means "to be late". "*chí* 迟" means "late", "*dào* 到" means "to arrive".

迟到

［chídào］

be late   verb

Here the "*dào* 到" is the same Chinese character of "*cóng . . . dào . . .* 从……到……", which means "from . . . to . . .", In this format, "*dào* 到" is a conjunction. but in today's lesson, "*dào* 到" is a verb, normally we use a place word after it.

到 + place

［dào］

For example：

- 对不起，我迟到了。［Duìbuqǐ, wǒ chídào le］

    Sorry, I was late.

- 我们走快一点吧，要迟到了。［Wǒmen zǒu kuài yìdiǎn ba, yào chídào le］

    Let's go a little faster, or we will be late.

- 这个会很重要,明天别迟到。[Zhè ge huì hěn zhòngyào, míngtiān bié chídào]
  This meeting is very important, do not be late tomorrow.
- 你说得太迟了。[Nǐ shuō de tài chí le]
  You said it too late.
- 你到哪里了? [Nǐ dào nǎlǐ le]
  Where did you arrive at?
- 我们是昨天到上海的。[Wǒmen shì zuótiān dào Shànghǎi de]
  It was yesterday that we arrived in Shanghai.

OK, the last character is "*biàn* 变". "*biàn* 变" means "to change". We usually use it to indicate something or somebody has changed.

变
[biàn]
to change   verb

so the format is "*something or somebody + biàn le* 变了".

Sth./Sb. +变+了
[biàn][le]

You may also put an adjective after "*biàn* 变" to describe the result of the change, but we cannot put a noun after it directly.

Sth./Sb. +变+Adj. +了
[biàn]   [le]

For example:
- 我们开会的时间变了。[Wǒmen kāihuì de shíjiān biàn le]
  Our meeting time has been changed.
- 最近天气变暖和了。[Zuìjìn tiānqì biàn nuǎnhuo le]
  Recently the weather is getting warm.
- 他的手机号码变了。[Tā de shǒujī hàomǎ biàn le]

His phone number was changed.

● 那个颜色又变了。[Nà ge yánsè yòu biàn le]
That color changed again.

Great，let's practice what we learned today.

● 他又生病了。
[Tā yòu shēngbìng le]
He was sick again.

● 他昨天又买了一个手机。
[Tā zuótiān yòu mǎi le yí gè shǒujī]
He bought a mobile phone again yesterday.

● 我们又走错路了。
[Wǒmen yòu zǒu cuò lù le]
We walked to the wrong way again.

● 我又忘了带钱。
[Wǒ yòu wàng le dài qián]
I forgot to bring my money again.

● 最近他常常迟到。
[Zuìjìn tā chángcháng chídào]
Recently he is often late.

● 你为什么又迟到了?
[Nǐ wèi shénme yòu chídào le]
Why were you late again?

● 下雨以后，天气变冷了。
[Xiàyǔ yǐhòu, tiānqì biàn lěng le]
The weather gets cold after the rain.

● 我们上课的时间经常变。
[Wǒmen shàng kè de shíjiān jīngcháng biàn]
Our lesson time changes so often.

Great, so that wraps up today's lesson. Hope you have learned something there. Download our app to access our Chinese lessons, remember you can learn Chinese anywhere, anytime with **ChineseAny**.

Word List

Main Vocabulary		
又 [yòu] again	迟到 [chídào] be late	变 [biàn] to change
Additional Vocabulary		
迟 [chí] late	到 [dào] to arrive	从……到……[cóng ... dào ...] from ... to ...

Notes

The adverb "又 [yòu]"

Subject + 又 [yòu] + verb + 了 [le]

E. g. ① 我又忘了他的名字。[Wǒ yòu wàng le tā de míngzi]

I forgot his name again.

② 上个星期我们又搬家了。[Shàng ge xīngqī wǒmen yòu bānjiā le]

We moved again last week.

③ 今天晚上我又吃那个菜了。[Jīntiān wǎnshang wǒ yòu chī nà ge cài le]

I ate that dish again tonight.

④ 为什么又停水了? [Wèi shénme yòu tíng shuǐ le]

Why did the water supply cut off again?

Quiz

I. Pronunciation.

1. Please choose the initials or finals you heard.

   1) A. chídào   B. zhīdào
   2) A. yóulái   B. yóulǎn
   3) A. biànhuà   B. biànguà
   4) A. kāihuái   B. kāihuì
   5) A. huài le   B. guài le
   6) A. zuò cuò   B. zǒu cuò

2. Please choose the Pinyin you heard.

   1) A. zài xiē yíhuìr   B. zài xiě yíhuìr
   2) A. chángcháng biànhuà   B. chángcháng biànguà
   3) A. tā biàn kuài le   B. tā biàn guāi le
   4) A. zhèlǐ biàn luàn le   B. zhèlǐ biàn nuǎn le
   5) A. jiù de zài zhèlǐ   B. xiū de zài zhèlǐ
   6) A. shuō de tài chí le   B. shuō de tài zhí le

II. Form sentences.

1. <u>tā</u>   <u>zuìjìn</u>   <u>wèi shénme</u>   <u>chídào</u>   <u>chángcháng</u>
    1   2   3   4   5

2. <u>xiànzài</u>   <u>tài</u>   <u>le</u>   <u>shuō</u>   <u>chí</u>
      1   2   3   4   5

3. <u>háizi</u>   <u>biàn</u>   <u>nà</u>   <u>le</u>   <u>gè</u>
     1   2   3   4   5

4. <u>tā</u>   <u>zhǎo</u>   <u>yòu</u>   <u>le</u>   <u>cuò</u>
  1   2   3   4   5

_____

5. <u>bú</u>   <u>tāmen</u>   <u>shì</u>   <u>huàirén</u>
  1   2   3   4

_____

6. <u>yòu</u>   <u>le</u>   <u>tā</u>   <u>yí</u>   <u>biàn</u>   <u>dú</u>
  1   2   3   4   5   6

_____

III. Please translate the following sentences into Chinese.

1. Don't come late tomorrow.

_____

2. He was ten minutes late.

_____

3. Recently the weather is getting cold.

_____

4. He drank a bottle of beer again.

_____

5. My phone doesn't work.

_____

6. It was raining again last night.

_____

This Is My First Trip

Welcome to Elementary Level Six, Lesson Eleven of **ChineseAny** podcast series teaching Mandarin Chinese. Today we will learn three words: one verb, one pronoun and one prefix word.

The 1st character is "*dì* 第". "*dì* 第" is a **prefix word**. We put it before the number to express "the order".

It is an auxiliary word for ordinal numbers. "The first" in Chinese is "*dì yī* 第一". "The second" in Chinese is "*dì èr* 第二", but you cannot change "*èr* 二" to "*liǎng* 两" here.

You may also add a **noun** after it. Of course, you need a measure word before the noun.

> 第
> [dì]
> order   auxiliary word
>
> 第 + number + m. w. + Noun
> [dì]

Let's see some examples,
- 这是我第二次来上海。[Zhè shì wǒ dì èr cì lái Shànghǎi]
  This is my second time to come to Shanghai.
- 他是我的第一个中国朋友。[Tā shì wǒ de dì yī gè Zhōngguó péngyou]
  He is my first Chinese friend.
- 第一个问题很难回答。[Dì yī gè wèntí hěn nán huídá]
  The first question is difficult to answer.

- 你们第一天去哪里？［Nǐmen dì yī tiān qù nǎlǐ］
Where do you want to go on the first day?

OK，let's move to the 2nd vocabulary
"*zìjǐ 自己*"．"*zìjǐ 自己*" means
"somebody self"．We can put it after **the
personal pronoun**．

自己		
［zìjǐ］		
somebody self	pronoun	

For example：
- 我自己［wǒ zìjǐ］
myself
- 你自己［nǐ zìjǐ］
yourself
- 他／她自己［tā zìjǐ］
himself／herself

For the plural form，
- 我们自己［wǒmen zìjǐ］
ourselves
- 你们自己［nǐmen zìjǐ］
yourselves
- 他们自己［tāmen zìjǐ］
themselves

Great，let's see some examples，
- 我自己学习汉语。［Wǒ zìjǐ xuéxí Hànyǔ］
I study Chinese by myself.
- 每天我自己做饭。［Měitiān wǒ zìjǐ zuòfàn］
I cook by myself everyday.
- 孩子们自己准备午饭。［Háizi men zìjǐ zhǔnbèi wǔfàn］
The children prepare lunch by themselves.

- 明天你们自己搬家吗？ [Míngtiān nǐmen zìjǐ bān jiā ma]
Are you going to move out by yourselves tomorrow?

OK, the 3rd vocabulary is "lǚxíng 旅行". "lǚxíng 旅行" means "to travel or the trip".

旅行	
[lǚxíng]	
to travel	verb
the trip	noun

➤ As a verb, it means "to travel".

We **cannot** add any object after it.

➤ As a noun, it means "trip".

We usually say "qù 去 + place + lǚxíng 旅行" for having a trip to some place.

For example：

- 下个星期我想去北京旅行。 [Xià gè xīngqī wǒ xiǎng qù Běijīng lǚxíng]
I want to travel to Beijing next week.
- 这是我第一次自己去旅行。 [Zhè shì wǒ dì yī cì zìjǐ qù lǚxíng]
This is my first time to travel alone.
- 很多人喜欢春天去旅行。 [Hěn duō rén xǐhuan chūntiān qù lǚxíng]
Many people like to travel in spring.
- 这次旅行太有意思了。 [Zhè cì lǚxíng tài yǒuyìsi le]
This trip had a lot of fun.
- 最近去韩国旅行的人越来越多了。
[Zuìjìn qù Hánguó lǚxíng de rén yuèláiyuè duō le]
There are more and more people traveling to South Korea recently.
- 我们已经很久没有去旅行了。 [Wǒmen yǐjīng hěn jiǔ méiyǒu qù lǚxíng le]
We haven't been traveling for a long time.

Great, let's practice what we have learnt today.

- 第一个房间是我的办公室。

  [Dì yī gè fángjiān shì wǒ de bàngōngshì]

  The first room is my office.

- 我们第十课已经学完了。

  [Wǒmen dì shí kè yǐjīng xué wán le]

  We've completed lesson Ten.

- 我在第二个出口等你。

  [Wǒ zài dì èr gè chūkǒu děng nǐ]

  I'm waiting for you at the second exit.

- 他第一次自己写歌。

  [Tā dì yī cì zìjǐ xiě gē]

  It is his first time to write a song.

- 我们都自己搬家。

  [Wǒmen dōu zìjǐ bānjiā]

  We all move house by ourselves.

- 每个周末我都自己做饭。

  [Měi gè zhōumò wǒ dōu zìjǐ zuòfàn]

  I cook by myself every weekend.

- 他们的旅行时间变了。

  [Tāmen de lǚxíng shíjiān biàn le]

  Their traveling time is changed.

- 我们五月一起去旅行。

  [Wǒmen wǔyuè yìqǐ qù lǚxíng]

  We will go to travel together in May.

Great，so that wraps up today's lesson. Hope you have learned something there. Download our app to access our Chinese lessons，remember you can learn Chinese anywhere，anytime with **ChineseAny**.

Word List

Main Vocabulary		
第[dì] prefix word	自己[zìjǐ] self	旅行[lǚxíng] to travel
Additional Vocabulary		
我自己[wǒzìjǐ] myself	你自己[nǐzìjǐ] yourself	他/她自己[tā zìjǐ] himself/herself
我们自己[wǒmen zìjǐ] ourselves	你们自己[nǐmen zìjǐ] yourselves	他/她们自己[tāmen zìjǐ] themselves

Notes

The prefix word 第[dì]

第[dì] + number + m. w. + noun

E. g. ① 星期一是一星期的第一天。[Xīngqīyī shì yì xīngqī de dì yī tiān]

Monday is the first day of a week.

② 我的第一个汉语老师是男的。[Wǒ de dì yī gè Hànyǔ lǎoshī shì nán de]

My first Chinese teacher is a male.

③ 我觉得第一课很难。[Wǒ juéde dì yī kè hěn nán]

I think Lesson One is very difficult.

④ 左边第一个楼是我家。[Zuǒbian dì yī gè lóu shì wǒ jiā]
The first building on the left is my home.

○ Quiz

I. Pronunciation.

1. Please choose the initials or finals you heard.

1) **A.** yìzhí   **B.** yǐzi

2) **A.** zìjǐ   **B.** zìjì

3) **A.** lǔxíng   **B.** liúxíng

4) **A.** bù gān   **B.** bù kān

5) **A.** pá wán   **B.** bá wán

6) **A.** qiúxīng   **B.** xiūxíng

2. Please choose the Pinyin you heard.

1) **A.** dì yī jiān   **B.** dì yī jiàn

2) **A.** zìjǐ xuéxí   **B.** zìjǐ xiūxi

3) **A.** mǎi de hěn guì   **B.** mǎi de hěn kuī

4) **A.** dì yī gè zìjǐ yòng   **B.** dì yī gè zìjǐ nòng

5) **A.** wǒ zìjǐ xiān qù   **B.** wǒ zìjǐ xiǎng qù

6) **A.** dì èr cì lǔxíng   **B.** dì èr cì lùyíng

II. Form sentences.

1. <u>wǒ</u>   <u>cì</u>   <u>tīngshuō</u>   <u>zhèr</u>   <u>yī</u>   <u>dì</u>
   1   2   3   4   5   6

_____

2. <u>tāmen</u>   <u>cì</u>   <u>dì</u>   <u>lái</u>   <u>Zhōngguó</u>   <u>yī</u>
   1   2   3   4   5   6

_____

3. zìjǐ   chángcháng   wǒ   fàn   zuò
  1   2   3   4   5

_____

4. qù   zìjǐ   tāmen   nàlǐ
  1   2   3   4

_____

5. kěyǐ   zìjǐ   kāichē   qù   wǒmen   lǚxíng
  1   2   3   4   5   6

_____

6. duō   rén   hěn   xǐhuan   lǚxíng
  1   2   3   4   5

_____

III. Please translate the following sentences into Chinese.

1. Is this your second time to come to China?

_____

2. Today is the first day of his work.

_____

3. He is fifteen now; he can go to school by himself.

_____

4. You can learn the Chinese characters by yourself.

_____

5. I want to travel, but I don't have enough money.

_____

6. He went to travel again.

_____

Just Now I Was Not in the Office

Welcome to Elementary Level Six, Lesson Twelve of **ChineseAny** podcast series teaching Mandarin Chinese. Today we will learn three words: two nouns and one adjective.

The 1st vocabulary is "*gāngcái 刚才*". "*gāngcái 刚才*" means "just now". It's a **time word**. We use it to emphasize that something happened a short time ago.

> 刚才
> [gāngcái]
> just now   noun

Before we learned "*gāng 刚*", which means "just". Now, let's see the difference between "*gāngcái 刚才*" and "*gāng 刚*". "*gāngcái 刚才*" is a **noun**, which means "just now", so normally we put it at the beginning of the sentence. "*gāng 刚*" is an **adverb**, which means "just". Therefore normally we put it before the verb.

Let's see some examples:
- 刚才我去买票了。[Gāngcái wǒ qù mǎi piào le]
  Just now I went to buy the ticket.
- 刚才我忘了拿包。[Gāngcái wǒ wàng le ná bāo]
  I forgot to take my bag just now.
- 刚才有人找你。[Gāngcái yǒu rén zhǎo nǐ]
  Just now there was someone looking for you.
- 刚才他给我打电话了。[Gāngcái tā gěi wǒ dǎ diànhuà le]

He called me just now.

- 刚才我不在办公室。[Gāngcái wǒ bú zài bàngōngshì]
  Just now I was not in the office.

OK, now let's see two sentences with "*gāng 刚*" to review it.

- 我们刚开始学习汉语。[Wǒmen gāng kāishǐ xuéxí Hànyǔ]
  We just started to study Chinese.
- 他刚从英国旅行回来。[Tā gāng cóng Yīngguó lǚxíng huílai]
  He has just returned from a trip to England.

OK, let's move to the 2nd character "*jīnglǐ
经理*". "*jīnglǐ 经理*" means "manager".

经理
[jīnglǐ]
manager   noun

For example：

- 你的经理是哪国人？[Nǐ de jīnglǐ shì nǎ guó rén]
  Where is your manager from?
- 张经理的汉语说得很好。[Zhāng jīnglǐ de Hànyǔ shuō de hěn hǎo]
  Manager Zhang speaks Chinese very well.
- 这是我们公司的经理。[Zhè shì wǒmen gōngsī de jīnglǐ]
  This is the manager of our company.
- 现在经理不在办公室。[Xiànzài jīnglǐ bú zài bàngōngshì]
  The manager is not in the office now.

OK, the 3rd vocabulary is "*qīngchu 清楚*".
"*qīngchu 清楚*" is an **adjective**, which means
"clear". We may put it after a **verb**.

清楚
[qīngchu]
clear   adjective

For example：

- 看清楚[kàn qīngchu]
  see clearly

- 听清楚［tīng qīngchu］
  listen clearly
- 读清楚［dú qīngchu］
  read clearly
- 对不起，我没说清楚。［Duìbuqǐ, wǒ méi shuō qīngchu］
  Sorry, I did not say it clearly.
- 老师说得很清楚。［Lǎoshī shuō de hěn qīngchu］
  The teacher said very clearly.
- 刚才我和经理都没看清楚。［Gāngcái wǒ hé jīnglǐ dōu méi kàn qīngchu］
  Just now both my manager and I did not see it clearly.
- 我没听清楚，请再说一遍。［Wǒ méi tīng qīngchu, qǐng zài shuō yí biàn］
  I didn't hear clearly; please say it again.
- 请写清楚一点儿。［Qǐng xiě qīngchu yìdiǎnr］
  Please write it clearly.

Great, let's practice what we have learned today.

- 刚才我们应该向左拐。
  ［Gāngcái wǒmen yīnggāi xiàng zuǒ guǎi］
  We should turned left just now.

- 刚才谁找我？
  ［Gāngcái shuí zhǎo wǒ］
  Who was looking for me just now?

● 刚才我已经付钱了。

[Gāngcái wǒ jīnglǐ fù qián le]

I have paid just now.

● 刚才你在想什么？

[Gāngcái nǐ zài xiǎng shénme]

What did you think about just now?

● 你们的经理叫什么名字？

[Nǐmen de jīnglǐ jiào shénme míngzi]

What is the name of your manager?

● 我们公司的经理又换了。

[Wǒmen gōngsī de jīnglǐ yòu huàn le]

Our company's manager changed again.

● 他写得又清楚又漂亮。

[Tā xiě de yòu qīngchu yòu piàoliang]

He writes clearly and nicely.

● 你听清楚了吗？

[Nǐ tīng qīngchu le ma]

Did you hear clearly?

Great, so that wraps up today's lesson. Hope you have learned something there. Download our app to access our Chinese lessons, remember you can learn Chinese anywhere, anytime with **ChineseAny**.

Word List

Main Vocabulary		
刚才 [gāngcái] just now	经理 [jīnglǐ] manager	清楚 [qīngchu] clear

Notes

The noun "刚才 [gāngcái]"—刚才 [gāngcái] + sentence

E. g. ① 刚才我不在家。[Gāngcái wǒ bú zài jiā]

Just now I was not at home.

② 刚才我们去吃饭了。[Gāngcái wǒmen qù chī fàn le]

We went to have just now.

③ 刚才他去做运动了。[Gāngcái tā qù zuò yùndòng le]

Just now he went to do sports.

④ 刚才我正在准备早饭。[Gāngcái wǒ zhèngzài zhǔnbèi zǎofàn]

I was preparing breakfast just now.

Quiz

I. Pronunciation.

1. Please choose the initials or finals you heard.

1) A. gāngcái   B. gānchái

2) A. jīnglǐ   B. jīnglì

3) A. qīngchu   B. qīngzhù

4) A. bànshì   B. bànzhì

5) A. tài mǎn   B. tài màn

6) A. gāng qǔ   B. gāng qù

2. **Please choose the Pinyin you heard.**

1) A. tā jiào jīnglǐ   B. tā zhǎo jīnglǐ

2) A. shuō de hěn qīngchu   B. zuò de hěn qīngchu

3) A. tā gāngcái qǔ le   B. tā gāngcái qù le

4) A. jīnglǐ chídào le   B. jīnglǐ zhīdào le

5) A. qián yǐjīng huàn le   B. qián yǐjīng huán le

6) A. yòu piān yòu yuǎn   B. yòu biǎn yòu yuán

II. Form sentences.

1. <u>tāmen</u>   <u>dào</u>   <u>Shànghǎi</u>   <u>jīntiān</u>   <u>gāng</u>
   1   2   3   4   5

2. <u>shuí</u>   <u>gōngsī</u>   <u>jīnglǐ</u>   <u>nǐmen</u>   <u>de</u>   <u>shì</u>
   1   2   3   4   5   6

3. <u>wǒmen</u>   <u>chī</u>   <u>wǎnfàn</u>   <u>gāngcái</u>   <u>zhèngzài</u>
   1   2   3   4   5

4. <u>nǐ</u>   <u>xǐhuan</u>   <u>xīn</u>   <u>jīnglǐ</u>   <u>de</u>   <u>nǐmen</u>   <u>ma</u>
   1   2   3   4   5   6   7

5. <u>le</u>   <u>nán</u>   <u>tài</u>   <u>wǒ</u>   <u>bù</u>   <u>shuō</u>   <u>qīngchu</u>
   1   2   3   4   5   6   7

6. <u>bù</u>   <u>wǒ</u>   <u>zěnme</u>   <u>qīngchu</u>   <u>zuò</u>   <u>gōngchē</u>
   1   2   3   4   5   6

III. Please translate the following sentences into Chinese.

1. Manager Zhang was looking for you just now.

_____

2. I told you how to do just now.

_____

3. Our manager is not an American.

_____

4. We all like our new manager.

_____

5. It's too far; I cannot hear it very clearly.

_____

6. Did you hear his answer clearly?

_____

Are You Satisfied with It

Welcome to Elementary Level Six, Lesson Thirteen of **ChineseAny** podcast series teaching Mandarin Chinese. Today we will learn three words: one adverb, one adjective and one noun.

The 1st adverb is "*dāngrán* 当然".
"*dāngrán* 当然" means "of course, certainly". In Chinese, we may place it at the beginning of the sentence or before the verb to emphasize.

当然
[dāngrán]
of course　adverb

For example:
- 当然,他的汉语说得很好。
  [Dāngrán, tā de Hànyǔ shuō de hěn hǎo]
  Of course, he speaks Chinese very well.
- 当然,你是我最好的朋友。
  [Dāngrán, nǐ shì wǒ zuì hǎo de péngyou]
  Of course, you are my best friend.
- 我们当然可以帮你搬家。[Wǒmen dāngrán kěyǐ bāng nǐ bānjiā]
  We can certainly help you to move out.
- 我当然和你一起去。[Wǒ dāngrán hé nǐ yìqǐ qù]
  Of course, I will go with you.
- 他当然不认识我。[Tā dāngrán bú rènshi wǒ]
  Of course, he does not know me.

OK, the 2nd character is "*mǎnyì* 满意". "*mǎnyì* 满意" means "to be satisfied". "*mǎn* 满" is an adjective which means "be full". "*yì* 意" is the short form of "*yìsi* 意思". When your willing is full, you are satisfied. In Chinese, "be satisfied with something or somebody", we may say "*duì* ... *mǎnyì* 对……满意". And the negative form is "*duì* ... *bù mǎnyì* 对……不满意". "*duì* 对" means "towards". We learned it in level five, lesson seventeen.

满意
[mǎnyì]
to be satisfied　adjective

对 + sth./sb. + （不）满意
[duì]　　　　[bù] [mǎnyì]

For example：
- 他总是不满意。[Tā zǒngshì bù mǎnyì]
  He is always not satisfied.
- 我们都很满意。[Wǒmen dōu hěn mǎnyì]
  We all are very satisfied.
- 老板对我们的工作很满意。
  [Lǎobǎn duì wǒmen de gōngzuò hěn mǎnyì]
  The boss is very satisfied with our work.
- 我对这个服务员不满意。[Wǒ duì zhè ge fúwùyuán bù mǎnyì]
  I'm not satisfied with this waiter.
- 你对你的新老师满意吗？[Nǐ duì nǐ de xīn lǎoshī mǎnyì ma]
  Are you satisfied with your new teacher?
- 你对他的回答满意吗？[Nǐ duì tā de huídá mǎnyì ma]
  Are you satisfied with his answer?
- 他们对这次旅行不太满意。
  [Tāmen duì zhè cì lǚxíng bú tài mǎnyì]
  They are not too satisfied with this trip.

OK, let's finish the last vocabulary "*āyí 阿姨*". "*āyí 阿姨*" means "aunt, also means housekeeper or cleaning person".

阿姨
[āyí]
aunt, housekeeper   noun

For example：

- 我有两个阿姨。[Wǒ yǒu liǎng gè āyí]
  I have two aunts.

- 阿姨一个星期来我家三次。[Āyí yí gè xīngqī lái wǒ jiā sān cì]
  Ayi comes to my home three times a week.

- 请别叫我阿姨，叫我姐姐吧。[Qǐng bié jiào wǒ āyí, jiào wǒ jiějie ba]
  Please don't call me aunt, call me sister.

- 阿姨，请打扫一下洗手间。[Āyí, qǐng dǎsǎo yíxiàr xǐshǒujiān]
  Ayi, please clean the bathroom.

- 你的阿姨会做饭吗？[Nǐ de āyí huì zuò fàn ma]
  Can your housekeeper cook?

Great, let's practice what we have learned today.

- 因为他没学过汉字，所以当然看不懂。
  [Yīnwèi tā méi xué guo Hànzì, suǒyǐ dāngrán kàn bu dǒng]
  Because he has not studied the Chinese character, he certainly doesn't understand it.

- 我当然知道他的名字。
  [Wǒ dāngrán zhīdào tā de míngzi]
  Of course, I know his name.

- 他对这个颜色不满意。
  [Tā duì zhè ge yánsè bù mǎnyì]
  He is not satisfied with this color.

● 你对你的阿姨满意吗？
[Nǐ duì nǐ de āyí mǎnyì ma]
Are you satisfied with your Ayi?

● 我对我的汉语老师非常满意。
[Wǒ duì wǒ de Hànyǔ lǎoshī fēicháng mǎnyì]
I am very satisfied with my Chinese teacher.

● 我当然知道怎么说。
[Wǒ dāngrán zhīdào zěnme shuō]
Of course I know how to say.

● 阿姨对我给她的钱很满意。
[Āyí duì wǒ gěi tā de qián hěn mǎnyì]
The housekeeper is satisfied with the money that I gave.

Great, so that wraps up today's lesson. Hope you have learned something there. Download our app to access our Chinese lessons, remember you can learn Chinese anywhere, anytime with **ChineseAny**.

Word List

Main Vocabulary		
当然[dāngrán] of course	满意[mǎnyì] to be satisfied	阿姨[āyí] aunt, housekeeper

Notes

当然[dāngrán]**: the adverb**

当然[dāngrán] **+ sentence/verb**

E. g. ① 他当然知道怎么去那儿。[Tā dāngrán zhīdào zěnme qù nàr]

He certainly knows how to get there.

② 当然，我们周末不上班。[Dāngrán, wǒmen zhōumò bú shàng bān]

Of course, we do not go to work at weekends.

③ 我当然可以帮你。[Wǒ dāngrán kěyǐ bāng nǐ]

Of course, I can help you.

④ 当然，我会骑自行车。[Dāngrán, wǒ huì qí zìxíngchē]

Of course, I can ride bicycle.

Quiz

I. Pronunciation.

1. Please choose the initials or finals you heard.

1) A. dāngrán   B. dànrán

2) A. mǎnyì   B. miǎnyì

3) A. āyí   B. ānyì

4) A. mǎn le   B. màn le

5) A. sìjì   B. sījī

6) A. xiáncài   B. xiàndài

2. Please choose the Pinyin you heard.

1) A. dāngrán hěn yuǎn   B. dāngrán hě yuán

2) A. qǐng ràng tā zǒu   ·B. qǐng ràng tā zuò

3) A. tā shì āyí   B. tā shì dàyí

4) A. méiyǒu zhǎodào   B. méiyǒu jiàodào

5) A. zhè ge tài nán le   B. zhè ge tài lán le

6) A. xiànzài hěn téng   B. xiànzài hěn lěng

II. Form sentences.

1. dāngrán   kàn   wǒ   qīngchu   le
   1   2   3   4   5

   _____

2. wǒ   kàn   dāngrán   zhè ge   guo   diànyǐng
   1   2   3   4   5   6

   _____

3. nǐ   jiā   mǎnyì   duì   xīn   ma
   1   2   3   4   5   6

   _____

4. wǒ   zhè   lǚxíng   hěn   duì   cì   mǎnyì
   1   2   3   4   5   6   7

   _____

5. zěnmeyàng   āyí   de   zuò   fàn
   1   2   3   4   5

   _____

6. tā   yòu   āyí   huàn   ma   le
   1   2   3   4   5   6

   _____

III. Please translate the following sentences into Chinese.

1. Of course, I like that present very much.

   _____

2. Of course, she is both pretty and smart.

_____

3. The boss is not satisfied with his secretary's work.

_____

4. I'm very satisfied with the service of this restaurant.

_____

5. My housekeeper cooks very delicious food.

_____

6. Do you like your new housekeeper?

_____

Where Shall We Meet

Welcome to Elementary Level Six, Lesson Fourteen of **ChineseAny** podcast series teaching Mandarin Chinese. Today we will learn three words: two verbs and one noun.

Today's 1ˢᵗ verb is "*jiànmiàn* 见面". "*jiànmiàn* 见面" means "to meet, to see". The abbreviated form is "*jiàn* 见". "*jiàn* 见" means "to meet, to see"; "*miàn* 面" means "face".

见面
[jiànmiàn]
to meet/see   verb

In Chinese, if "A meets with B", we may say, "**A** + *hé/gēn* 和/跟 + **B** + *jiànmiàn* 见面" or "**A** + *jiàn* 见 + **B**". You may NOT say "**A***jiànmiàn* 见面**B**".

A 和/跟 B 见面
[hé/gēn] [jiànmiàn]

A 见 B
[jiàn]

For example:
- 我们十点在星巴克见面吧。
  [Wǒmen shí diǎn zài Xīngbākè jiànmiàn ba]
  Let's meet in Starbucks at ten.
- 你们常常见面吗？[Nǐmen chángcháng jiànmiàn ma]
  Do you often meet?

- 明天你和/跟谁见面？［Míngtiān nǐ hé/gēn shuí jiànmiàn］
  Who will you meet tomorrow?
- 明天你见谁？［Míngtiān nǐ jiàn shuí］
  Who will you meet tomorrow?
- 我和他五年没见面了。［Wǒ hé tā wǔ nián méi jiànmiàn le］
  I haven't met him for five years.

Great，let's move to the 2nd character "*jiāo 教*"．"*jiāo 教*" means "to teach".

教
［jiāo］
to teach   verb

You may say
"A +*jiāo 教* + B+ noun" or "A + *jiāo 教* + B + verb + noun".

教［jiāo］	↗ Sb. + noun
	↘ Sb. + verb + noun

For example：
- 你能教我唱汉语歌吗？［Nǐ néng jiāo wǒ chàng Hànyǔ gē ma］
  Can you teach me to sing a Chinese song?
- 老师教我们读汉字。［Lǎoshī jiāo wǒmen dú Hànzì］
  The teacher teaches us to read Chinese characters.
- 李先生正在教孩子们跳舞。［Lǐ xiānsheng zhèngzài jiāo háizi men tiàowǔ］
  Mr. Li is teaching the children to dance.
- 你觉得她教得怎么样？［Nǐ juéde tā jiāo de zěnmeyàng］
  What do you think her teaching skills?

The 3rd character of today's lesson is "*dìfang 地方*"．"*dìfang 地方*" is a **noun**, it means "place, part of".

地方
［dìfang］
place, part of   noun

For example：

- 来中国以后，他去过很多地方。［Lái Zhōngguó yǐhòu, tā qù guo hěn duō dìfang］

  He has been many places after he came to China.

- "Where do you live?" in Chinese，we may say " Nǐ zhù zài nǎlǐ 你住在哪里?" or " Nǐ zhù zài shénme dìfang 你住在什么地方?"

- 我们对这个地方很满意。［Wǒmen duì zhè ge dìfang hěn mǎnyì］

  We are very satisfied with this place.

- 我们在老地方见，好吗？［Wǒmen zài lǎo dìfang jiàn, hǎo ma］

  Shall we meet at the old place?

Great，after the three vocabularies，let's learn one grammar point，which is "*shì... de* 是⋯⋯的". The sentence with "*shì... de* 是⋯⋯的" construction is used to emphasize the **TIME**, **PLACE**, **METHOD**, or **PURPOSE** of action that happened in the past. You can put anything to be emphasized between "*shì... de* 是⋯⋯的". The location "*shì* 是" is before the emphasized part or sometimes omitted, with "*de* 的" at the end of sentence.

"*Subject + shì 是 + time/place/method/purpose +Verb + object + de 的*"

Subject +是+ Verb + object +的
[shì]   [de]

Let's see some examples，

- 他是去年来北京的。［Tā shì qùnián lái Běijīng de］

  It was last year that he came to Beijing.

- 这个东西我是在美国买的。［Zhè ge dōngxi wǒ shì zài Měiguó mǎi de］

It was in America that I bought it.

- 我是骑自行车来的。[Wǒ shì qí zìxíngchē lái de]
I came by bicycle.

- 麦克是来中国学习汉语的。[Màikè shì lái Zhōngguó xuéxí Hànyǔ de]
Mike came to China for studying Chinese.

Now，let's make some examples to practice what we have learned today.

- 昨天我和他们是在飞机场见面的。
[Zuótiān wǒ hé tāmen shì zài fēijīchǎng jiànmiàn de]
It was at the airport that I met them yesterday.

- 你们这个星期天在什么地方见面？
[Nǐmen zhè ge xīngqītiān zài shénme dìfang jiànmiàn]
Where do you meet this Sunday?

- 是我朋友教我游泳的。
[Shì wǒ péngyou jiāo wǒ yóuyǒng de]
It was my friend who taught me to swim.

- 阿姨教我做中国菜。
[Āyí jiāo wǒ zuò Zhōngguó cài]
Ayi teaches me to cook Chinese food.

● 你为什么教他这个?

[Nǐ wèi shénme jiāo tā zhè ge]

Why do you teach him this?

● 这个是上个月学习的。

[Zhè ge shì shàng ge yuè xuéxí de]

It was last month we studied it.

Great, so that wraps up today's lesson. Hope you have learned something there. Download our app to access our Chinese lessons, remember you can learn Chinese anywhere, anytime with **ChineseAny**.

◖ **Word List**

Main Vocabulary		
见面[jiànmiàn] to meet, see	教[jiāo] to teach	地方[dìfang] place
Additional Vocabulary		
面[miàn] face, noodles	见[jiàn] to meet, see	

◖ **Notes**

是······的[shì ... de]

E.g. ① 他是今天知道的。[Tā shì jīntiān zhīdào de]

It was today that he knew it. (Emphasize the time)

② 我们是在美国见的。[Wǒmen shì zài Měiguó jiàn de]

It was in America that we met. (Emphasize the place)

③ 我是坐出租车来的。[Wǒ shì zuò chūzūchē lái de]

I came by taxi. (Emphasize the means)

④ 麦克是来买东西的。[Màikè shì lái mǎi dōngxi de]

Mike came to buy things. (Emphasize the aim)

⑤ 是他告诉我你在这里的。[Shì tā gàosu wǒ nǐ zài zhèlǐ de]

It was he told me that you were here. (Emphasize the person)

Quiz

I. Pronunciation.

1. Please choose the initials or finals you heard.

1) A. jiànmiàn   B. qiánmiàn

2) A. jiàoshòu   B. jiàosuō

3) A. dīfáng   B. dìfang

4) A. wàibian   B. wànnián

5) A. yóuyǒng   B. yǒuyòng

6) A. píngfán   B. píngfáng

2. Please choose the Pinyin you heard.

1) A. tāmen zài jiànmiàn   B. tāmen zài qiánmiàn

2) A. xǐhuan shénme dìfang   B. xíguàn shénme dìfang

3) A. jiāo nǐ shénme   B. jiào nǐ shénme

4) A. wǒ yào píngjìng yíxià   B. wǒ yào qīngjìng yíxià

5) A. wèidào tài xián le   B. wèidào tài xiān le

6) A. zěnme zhème shòu   B. zěnme zhème shuō

II. Form sentences.

1. <u>wǒmen</u>   <u>bù</u>   <u>jiànmiàn</u>   <u>chángcháng</u>
    1   2   3   4

2. <u>zhōumò</u>   <u>nǐmen</u>   <u>jǐ</u>   <u>jiànmiàn</u>   <u>diǎn</u>   <u>zhè ge</u>
    1   2   3   4   5   6

3. <u>péngyou</u>   <u>wǒ</u>   <u>zuò</u>   <u>fàn</u>   <u>Hánguó</u>   <u>jiāo</u>
    1   2   3   4   5   6

4. <u>shuí</u>   <u>nǐmen</u>   <u>Hànyǔ</u>   <u>jiāo</u>
    1   2   3   4

5. <u>zhù</u>   <u>wǒ</u>   <u>yìzhí</u>   <u>yǐqián</u>   <u>zài</u>   <u>dìfang</u>   <u>zhè ge</u>
    1   2   3   4   5   6   7

6. <u>míngtiān</u>   <u>qù</u>   <u>nǐ</u>   <u>shénme</u>   <u>dìfang</u>   <u>xiǎng</u>
    1   2   3   4   5   6

III. Please translate the following sentences into Chinese.

1. I'm too tired today, can we meet next time?

2. It was in Shanghai where we met.

3. This place is too quiet.

4. I have already taught you five times.

5. The reason he came here is looking for me.

_____

6. It was last week that I bought it in that shop.

_____

Let's Review First

Welcome to Elementary Level Six, Lesson Fifteen of **ChineseAny** podcast series teaching Mandarin Chinese. Today we will learn three words: two adverbs and one verb. Let's look at them now.

Today's 1st character is "*xiān* 先". "*xiān* 先" is an adverb, it means "first". In Chinese, we usually use it before the verb and after the subject.

先
[xiān]
first adverb

For example,

- 我先介绍一下，这是我的老板。[Wǒ xiān jièshào yíxià, zhè shì wǒ de lǎobǎn]
  Let me introduce first; this is my boss.
- 请先去那里付钱。[Qǐng xiān qù nàlǐ fù qián]
  Please go over there to pay first.
- 今天我们先去哪里? [Jīntiān wǒmen xiān qù nǎlǐ]
  Where will we go first today?
- 你先走，我们要等一会儿。[Nǐ xiān zǒu, wǒmen yào děng yíhuìr]
  You go first, we need to wait for a moment.

OK, let's move to the 2nd vocabulary, "*ránhòu* 然后". "*ránhòu* 然后" is an adverb. It means "then, after". We've just

然后
[ránhòu]
then, after adverb

learned "*xiān* 先", so we may say "*xiān* 先……, *ránhòu* 然后……".
It can be used to indicate to have something done first and then proceed
with other things.

For example,

- 我们先看电影,然后吃晚饭。

  [Wǒmen xiān kàn diànyǐng, ránhòu chī wǎnfàn]

  Let's go to see a movie first, and then have dinner.

- 他先学了两年英语,然后学了三年汉语。[Tā xiān xué le liǎng nián

  Yīngyǔ, ránhòu xué le sān nián Hànyǔ]

  He first studied English for two years and then studied Chinese for

  three years.

- 我们先喝一杯咖啡,然后去买东西吧。

  [Wǒmen xiān hē yì bēi kāfēi, ránhòu qù mǎi dōngxi ba]

  Let's have a cup of coffee first, and then go shopping.

- 我们先打网球,然后去游泳。

  [Wǒmen xiān dǎ wǎngqiú, ránhòu qù yóuyǒng]

  Let's go to play tennis first, and then go to swim.

"*zài* 再" means "again", before we learned. Now we can learn its
another usage, for the spoken language, we still can use "*zài* 再" to
replace "*ránhòu* 然后".

For example,

- 先洗手,再来吃饭。[Xiān xǐ shǒu, zài lái chī fàn]

  Wash hands first, and then come to eat.

- 先换衣服,再去工作。[Xiān huàn yīfu, zài qù gōngzuò]

  Change clothes first, and then go to work.

Yes, you may ask me how to say "finally, the last". Previously we learned "*zuì* 最", which means "most". "*hòu* 后" it means "last, back". So "*zuìhòu* 最后" in Chinese means "finally, last".

We may put it at the beginning of the sentence or before the verb.

- 最后他自己去了那个地方。[Zuìhòu tā zìjǐ qù le nà ge dìfang]
  Finally he went to that place by himself.
- 最后我们知道了他为什么不高兴。[Zuìhòu wǒmen zhīdào le tā wèi shénme bù gāoxìng]
  Finally we know why he was unhappy.

Let's see some examples with "*xiān* 先……, *ránhòu* 然后……, *zuìhòu* 最后".

- 我先去上海,然后去北京,最后去西安。
  [Wǒ xiān qù Shànghǎi, ránhòu qù Běijīng, zuìhòu qù Xī'ān]
  I'll go to Shanghai first, and then Beijing, Xi'an is the last station.
- 先听一下,然后读,最后写。[Xiān tīng yíxiàr, ránhòu dú, zuìhòu xiě]
  First listen, and then read, finally write.

OK, let's finish today's 3rd character "*fùxí* 复习". "*fùxí* 复习" means "to review". "*fù* 复" means "copy, again"; "*xí* 习" means "to study". "again study" in Chinese is "*fùxí* 复习".

复习
[fùxí]
to review   verb

For example,

- 别忘了复习。[Bié wàng le fùxí]
  Don't forget to review.
- 刚才我已经复习了。[Gāngcái wǒ yǐjīng fùxí le]
  Just now I have already reviewed.

- 我每天复习一个小时。[Wǒ měitiān fùxí yí gè xiǎoshí]
  I review for an hour everyday.
- 复习当然比学习重要。[Fùxí dāngrán bǐ xuéxí zhòngyào]
  Reviewing is certainly more important than studying.
- 我们先复习十分钟吧。[Wǒmen xiān fùxí shí fēnzhōng ba]
  Let's review for ten minutes first.

Great，let's practice what we have learned today.

- 你来这里以前，请先给我打电话。
  [Nǐ lái zhèlǐ yǐqián, Qǐng xiān gěi wǒ dǎ diànhuà]
  Call me first before you come here.

- 我先坐公车去，然后换地铁。
  [Wǒ xiān zuò gōngchē qù, ránhòu huàn dìtiě]
  First I go by bus, and then change to the subway.

- 我想先看报纸再吃早饭。
  [Wǒ xiǎng xiān kàn bàozhǐ zài chī zǎofàn]
  I'd like to read newspaper first, and then have breakfast.

- 这本书我已经复习了三遍。
  [Zhè běn shū wǒ yǐjīng fùxí le sān biàn]
  I have reviewed this book for three times.

● 我们先做什么？

[Wǒmen xiān zuò shénme]

What do we do first?

● 你每天复习多长时间？

[Nǐ měitiān fùxí duō cháng shíjiān]

How long do you review everyday?

Great，so that wraps up today's lesson．Hope you have learned something there．Download our app to access our Chinese lessons，remember you can learn Chinese anywhere，anytime with **ChineseAny**．

Word List

Main Vocabulary		
先[xiān] first	然后[ránhòu] then, after	复习[fùxí] to review
Additional Vocabulary		
复[fù] to review		

Notes

先[xiān] + **verb**，然后[ránhòu]/再[zài] + **verb**，最后[zuìhòu] + **verb**.

E.g. ① 我先去吃午饭，然后去看电影。

[Wǒ xiān qù chī wǔfàn, ránhòu qù kàn diànyǐng]

I'll go to have lunch first，and then go to see a film.

② 先休息五分钟再工作吧。[Xiān xiūxi wǔ fēzhōng zài gōngzuò ba]

Let's have a break for five minutes，then work again.

③ 先想去哪里旅行，然后准备东西，最后买票。

[Xiān xiǎng qù nǎlǐ lǚxíng，ránhòu zhǔnbèi dōngxi，zuìhòu mǎi

piào]

Firstly think about where to go for traveling，and then to

prepare；to buy the ticket is the last.

Quiz

I. Pronunciation.

  1. Please choose the initials or finals you heard.

    1）A. ránhòu   B. duànhòu

    2）A. fùxí   B. fùjìn

    3）A. bù gǒu   B. bú gòu

    4）A. dàochù   B. dàoshǔ

    5）A. chīfàn   B. shìfàn

    6）A. shùfú   B. shūfu

  2. Please choose the Pinyin you heard.

    1）A. wǒmen xiān xuéxí   B. wǒmen xiān fùxí

    2）A. kàn qǐlái hěn jǐ   B. kàn qǐlái hěn jí

    3）A. xiān qù nǎlǐ   B. xiān zhù nàlǐ

    4）A. bàngōngshì tài xiǎo le   B. bàngōngshì tài chǎo le

    5）A. tā jiāo wǒ fùxí   B. tā jiào wǒ fùxí

    6）A. méi shuō qīngchu   B. méi suàn qīngchu

II. Form sentences.

1. wǒ   qù   zuótiān   le   xiān   shūdiàn
   1   2   3   4   5   6

   _____

2. xiǎng   yíxiàr   nǐ   xiān
   1   2   3   4

   _____

3. tāmen   dǎ   wǎngqiú   fàn   xiān   ránhòu   chī
   1   2   3   4   5   6   7

   _____

4. xiān   xuéxí   ránhòu   gōngzuò   Hànyǔ   wǒ
   1   2   3   4   5   6

   _____

5. nǐ   fùxí   chángcháng   ma   Hànzì
   1   2   3   4   5

   _____

6. fùxí   měitiān   zhòngyào   hěn
   1   2   3   4

   _____

III. Please translate the following sentences into Chinese.

1. Let's go first; don't wait for them.

   _____

2. First, you help me to buy three bottles of water.

   _____

3. Let's have dinner first, and then go to see a movie.

   _____

4. How often do you review the Chinese characters that have you learned?

   _____

5. Let's review what we learned last time before the class.

_____

6. First wash your hands, then change your clothes, and finally to have lunch.

_____

Singing and Dancing

Welcome to Elementary Level Six, Lesson Sixteen of **ChineseAny** podcast series teaching Mandarin Chinese. Today we will learn three words: two verbs and one adverb. Let's look at them now.

The 1ˢᵗ verb is "*pǎobù 跑步*". "*pǎobù 跑步*" means "to run". "*pǎo 跑*" also means "to run"; it is the abbreviated form. "*bù 步*" is a noun, which means "step".

跑步
[pǎobù]
to run   verb

For example:

- 我最喜欢的运动是跑步。[Wǒ zuì xǐhuan de yùndòng shì pǎobù]
  My favorite sport is running.

- 你常常去哪里跑步？[Nǐ chángcháng qù nǎlǐ pǎobù]
  Where do you often go for running?

- 我比他跑得快。[Wǒ bǐ tā pǎo de kuài]
  I can run faster than him.

- 你们每天跑多长时间？[Nǐmen měitiān pǎo duō cháng shíjiān]
  How long do you run everyday?

OK, the 2ⁿᵈ vocabulary is "*xǐzǎo 洗澡*". "*xǐzǎo 洗澡*" means "take a bath/shower", which is a separable word.

洗澡
[xǐzǎo]
take a bath/shower   verb

Some verbs in Chinese language are composed of two parts："verb + object"，so they can be split and may add other elements between them.

For examples：

● 他一天洗两次澡。[Tā yì tiān xǐ liǎng cì zǎo]
He takes bath twice a day.

● 我刚洗完澡。[Wǒ gāng xǐ wán zǎo]
I just finished bathing.

● 他想先洗澡，然后吃饭。[Tā xiǎng xiān xǐzǎo, ránhòu chī fàn]
He wants to take a shower first，and then have the meal.

● 他昨天是自己洗的澡。[Tā zuótiān shì zìjǐ xǐ de zǎo]
He took shower by himself yesterday.

OK，now let's review some separable words，which we have learned before. Such as：

"shuìjiào 睡觉"： 睡 [shuì] is a Verb：to sleep；
觉 [jiào] is a Noun：sleeping.

"dǎqiú 打球"： 打 [dǎ] is a Verb：to play；球 [qiú] is a Noun：ball.

"yóuyǒng 游泳"： 游 [yóu] is a Verb：to swim；
泳 [yǒng] is a Noun：swimming.

"shàngkè 上课"： 上 [shàng] is a Verb：to take；
课 [kè] is a Noun：lesson.

"chànggē 唱歌"： 唱 [chàng] is a Verb：to sing；
歌 [gē] is a Noun：song.

"tiàowǔ 跳舞"： 跳 [tiào] is a Verb：to jump；
舞 [wǔ] is a Noun：dance.

"jiànmiàn 见面"： 见 [jiàn] is a Verb：to see；
面 [miàn] is a Noun：face.

"pǎobù 跑步"： 跑 [pǎo] is a Verb：to run；步 [bù] is a Noun：step.

The 3rd vocabulary is "*yìbiān* 一边".
"*yìbiān* 一边" means "one side or at the same time". We also can use the **simple** one "*biān* 边".

一边
[yìbiān]
at the same time   adverb

We usually use the structure "*yìbiān* 一边······ *yìbiān* 一边······" to indicate that two or more actions take place at the same time.

Subject +一边+ verb1 +一边+ verb2
[yìbiān]   [yìbiān]

For example：

● 他一边唱歌一边洗澡。[Tā yìbiān chànggē yìbiān xǐzǎo]
He is singing while taking a bath.

● 我的朋友一边工作一边学习。[Wǒ de péngyou yìbiān gōngzuò yìbiān xuéxí]
My friend is working while he is studying.

● 他们喜欢一边吃饭一边看电影。[Tāmen xǐhuan yìbiān chī fànyìbiān kàn diànyǐng]
They like eating food while watching movie.

● 别一边开车一边打电话。[Bié yìbiān kāi chē yìbiān dǎ diànhuà]
Don't pick up the phone while driving.

But in fact, S$_1$ and S$_2$ can be the same person or different people in this format.

S. 1 +一边+ V1, S. 2 +一边+ V2
[yìbiān]   [yìbiān]

For example：

- 我们一边吃，他们一边介绍。［Wǒmen yìbiān chī, tāmen yìbiān jièshào］

  We are eating while they introduce.

- 妈妈一边说，我们一边写。［Māma yìbiān shuō, wǒmen yìbiān xiě］

  Mom is talking while we are writing.

Great，let's practice what we have learned today.

> - 我一天跑两次，每次三十分钟。
>
>   ［Wǒ yì tiān pǎo liǎng cì, měi cì sānshí fēnzhōng］
>
>   I run twice a day, every time for thirty minutes.

> - 我喜欢一边跑步，一边听音乐。
>
>   ［Wǒ xǐhuan yìbiān pǎobù, yìbiān tīng yīnyuè］
>
>   I love listening to the music while running.

> - 小孩子不喜欢洗澡。
>
>   ［Xiǎo háizi bù xǐhuan xǐzǎo］
>
>   Children do not like taking a bath.

> - 你一边说名字，我一边找地方。
>
>   ［Nǐ yìbiān shuō míngzi, wǒ yìbiān zhǎo dìfang］
>
>   You say the name while I am looking for the place.

> - 他习惯早上洗澡。
>
>   ［Tā xíguàn zǎoshang xǐzǎo］
>
>   He is used to taking a bath in the morning.

> - 大家正在一边喝茶一边说话。
>
>   ［Dàjiā zhèngzài yìbiān hē chá yìbiān shuō huà］
>
>   Everybody is drinking tea while talking.

Great, so that wraps up today's lesson. I hope you have learned something there. Download our app to access our Chinese lessons, remember you can learn Chinese anywhere, anytime with **ChineseAny**.

Word List

Main Vocabulary		
跑步[pǎobù] to run	洗澡[xǐzǎo] to take a bath	一边[yìbiān] at the same time/while
Additional Vocabulary		
跑[pǎo] to run	步[bù] step	

Notes

一边……一边……[yìbiān … yìbiān …], **it means "at the same time to do two actions".**

一边[yìbiān] **+ verb +** 一边[yìbiān] **+ verb**

E. g. ① 我喜欢一边工作一边听音乐。

[Wǒ xǐhuan yìbiān gōngzuò yìbiān tīng yīnyuè]

I like to listen to the music while working.

② 我们一边喝啤酒一边说汉语。

[Wǒmen yìbiān hē píjiǔ yìbiān shuō Hànyǔ]

We are drinking beer and speaking Chinese at the same time.

③ 那个孩子一边看书一边等车。

[Nà ge háizi yìbiān kàn shū yìbiān děng chē]

That child is reading a book while waiting for bus.

④ 他一边说，我一边准备。

[Tā yìbiān shuō, wǒ yìbiān zhǔnbèi]

He is talking while I am preparing.

Quiz

I. Pronunciation.

1. Please choose the initials or finals you heard.

1) A. yìbiān   B. yíbiàn

2) A. pǎobù   B. pùbù

3) A. xǐzǎo   B. qǐzǎo

4) A. jìnbù   B. jìnbǔ

5) A. pǎo le   B. bǎo le

6) A. sānbù   B. sànbù

2. Please choose the Pinyin you heard.

1) A. xiān bāng wǒ diǎn yíxià   B. xiān bāng wǒ diàn yíxià

2) A. yìbiān chī yìbiān kàn   B. yìbiān chī yìbiān zàn

3) A. tā měitiān qǐzǎo   B. tā měitiān xǐzǎo

4) A. wǎnshang qù pǎobù   B. wǎnshang qù sànbù

5) A. ni bǎo le ma   B. nǐ pǎo le ma

6) A. zěnme zhǐdǎo de   B. zěnme zhìzào de

II. Form sentences.

1.
yìqǐ	pǎobù	wǒmen	zhè ge	zhōuliù	ba	qù
1	2	3	4	5	6	7

2.
wǒ	pǎo	gè	měitiān	xiǎoshí	bàn
1	2	3	4	5	6

3. tā   wǎnshang   xíguàn   pǎobù
   1   2   3   4

---

4. yào   wǒmen   pǎo   kuài   xià yǔ   le   ba
   1   2   3   4   5   6   7

---

5. pǎo   fēicháng   de   tā   kuài
   1   2   3   4   5

---

6. yì tiān   xǐ   nǐ   cì   jǐ   zǎo
   1   2   3   4   5   6

III. Please translate the following sentences into Chinese.

1. He likes drinking coffee while reading a book.

2. He is answering the call while driving.

3. I often run with him.

4. Let's go running before going to work.

5. I'm not used to taking a bath in the morning.

6. It seems that they hadn't taken the bath for three days.

A Bowl of Rice, Please

Welcome to Elementary Level Six, Lesson Seventeen of **ChineseAny** podcast series teaching Mandarin Chinese. Today we will learn three words: one numeral and two measure words. Let's see them now.

Today's 1st character is "*wàn* 万".
"*wàn* 万" is numeral, which means "ten thousand".

万
[wàn]
ten thousand   numeral

For example:
- 这本书已经卖了十万本。[Zhè běn shū yǐjīng mài le shí wàn běn]
  This book has sold one hundred thousand copies.
- 他一共付了一万五千块。[Tā yígòng fù le yí wàn wǔ qiān kuài]
  He paid a total of 15,000 RMB.
- 我每天都走一万步。[Wǒ měitiān zǒu yí wàn bù]
  I walk ten thousand steps everyday.

We have learned some numerals before; let's read the following numerals to review them.
- 一百[yìbǎi]   100
- 两千零八[liǎng qiān líng bā]   2008
- 三万一千五(百)[sān wàn yī qiān wǔ]   31,500

- 八百六十万零五百［bā bǎi liùshí wàn líng wǔ bǎi］ 8,600,500

OK，let's see the 2nd character "*wǎn* 碗". "*wǎn* 碗" means "bowl". It can be a noun or a measure word. "a bowl of something" in Chinese should be "*yì wǎn* 一碗~".

碗	
［wǎn］	
bowl	noun
bowl of	measure word

For example：

- 服务员，请给我两个碗。［Fúwùyuán，qǐng gěi wǒ liǎng gè wǎn］
  Waiter，two bowls please.
- 今天午饭我吃了两碗米饭。［Jīntiān wǔfàn wǒ chī le liǎng wǎn mǐfàn］
  I ate two bowls of rice this lunch.
- 这个碗太大了，你有小一点儿的吗？［Zhè ge wǎn tài dà le，nǐ yǒu xiǎo yìdiǎnr de ma］
  This bowl is too big，Do you have a smaller one?
- 我喝了一大碗牛奶。［Wǒ hē le yí dà wǎn niúnǎi］
  I drank a big bowl of milk.

OK，today's 3rd character is "*liàng* 辆". "*liàng* 辆" is a measure word for cars. We may say "*yí liàng gōngchē* 一辆公车"，one bus. "*yí liàng zìxíngchē* 一辆自行车"，one bicycle etc.

辆
［liàng］
measure word for traffic tools

For example：

- 这辆自行车真好看。［Zhè liàng zìxíngchē zhēn hǎokàn］
  This bike is really nice.
- 这是我的第一辆车。［Zhè shì wǒ de dì yī liàng chē］

This is my first car.

● 我想买一辆新车。[Wǒ xiǎng mǎi yí liàng xīn chē]

I want to buy a new car.

OK, let's see one Grammar point. "*duō* 多" has many meanings in chinese. As adjective, it means "many"; As adverb it means "how", followed by an adjective. Great, today we will learn the third meaning of "*duō* 多", it means "more, over". We normally use it after an integer to indicate an approximate number.

But one thing we need to notice that：

If the integer is below TEN, the format is **numeral + measure word +多**,

If the integer is above TEN, the format is **numeral +多 + measure word**.

For example：

● 我昨晚喝了五瓶多啤酒。[Wǒ zuówǎn hē le wǔ píng duō píjiǔ]

I drank over five bottles of beer last night.

● 我在中国有二十多个朋友。[Wǒ zài Zhōngguó yǒu èrshí duō gè péngyǒu]

I have over twenty friends in China.

● 我买了三斤多水果。[Wǒ mǎi le sān jīn duō shuǐguǒ]

I bought over three Jin of fruits.

● 这个停车场可以停一千多辆车。[Zhè ge tíngchēchǎng kěyǐ tíng yì qiān duō liàng chē]

This parking lot can park more than one thousand cars.

● 他们昨天跑了两千多米。[Tāmen zuótiān pǎo le liǎng qiān duō mǐ]

They ran more than 2,000 meters yesterday.

● 我们公司有五百多个人。[Wǒmen gōngsī yǒu wǔbǎi duō gè rén]

There are over 500 people in our company.

Great, let's make some examples to practice what we have learned today.

● 上海人口有两千五百万。

[Shànghǎi rénkǒu yǒu liǎng qiān wǔ bǎi wàn]

Shanghai has a population of 25,000,000.

● 请再给我一碗米饭好吗?

[Qǐng zài gěi wǒ yì wǎn mǐfàn hǎo ma]

May I have another bowl of rice, please?

● 他住在中国十多年了。

[Tā zhù zài Zhōngguó shí duō nián le]

He has been living in China more than 10 years.

● 那里停了二十多辆自行车。

[Nàlǐ tíng le èrshí duō liàng zìxíngchē]

More than 20 bikes are parked there.

● 他们搬了十多次家。

[Tāmen bān le shí duō cì jiā]

They have moved more than ten times.

● 听起来房间里有十多个人。

[Tīng qǐlái fángjiān lǐ yǒu shí duō gè rén]

It sounds that there are more than ten people in the room.

● 他们家一共有三辆车。

[Tāmen jiā yígòng yǒu sān liàng chē]

There are totally three cars in his home.

● 一碗米饭五块钱。

[Yì wǎn mǐfàn wǔ kuài qián]

One bowl of rice is five Yuan.

Great，so that wraps up today's lesson. Hope you have learned something there. Download our app to access our Chinese lessons，remember you can learn Chinese anywhere，anytime with **ChineseAny**.

Word List

Main Vocabulary		
万[wàn] ten thousand	碗[wǎn] bowl/bowl of	辆[liàng] measure word for cars

Notes

多[duō] **means "more than . . . "**

◇ 多[duō] **+ noun：many**

E.g. ① 我有很多汉语书。

[Wǒ yǒu hěn duō Hànyǔ shū]

I have a lot of Chinese books.

② 别喝很多酒。

[Bié hē hěn duō jiǔ]

Don't drink much alcohol.

③ 他每天做很多运动。

[Tā měitiān zuò hěn duō yùndòng]

Everyday he does a lot of exercise.

◇ **Number** + 多[duō] **+ measure word + noun：more than，over**

E.g. ① 我有二十多个朋友。

[Wǒ yǒu èrshí duō gè péngyou]

I have more than twenty friends.

② 他一个月看了十多本书。

　　［Tā yí gè yuè kàn le shí duō běn shū］

　　He read more than ten books one month.

③ 车上坐了三十多个人。

　　［Chē shàng zuò le sānshí duō gè rén］

　　There are more than thirty people in the car.

◇ 多［duō］+ adjective —— how + adjective

E. g. ① 你的女朋友多大?

　　　［Nǐ de nǚ péngyou duō dà］

　　　How old is your girl-friend?

② 这次旅行你去多长时间?

　　　［Zhè cì lǚxíng nǐ qù duō cháng shíjiān］

　　　How long will you go for this trip?

③ 这杯咖啡多少钱?

　　　［Zhè bēi kāfēi duōshao qián］

　　　How much is this cup of coffee?

④ 你多久洗一次衣服?

　　　［Nǐ duō jiǔ xǐ yí cì yīfu］

　　　How often do you wash clothes?

Quiz

I. Pronunciation.

　1. Please choose the initials or finals you heard.

　　1) A. qiānwàn　　　　　B. qiǎnwán

　　2) A. yí wàn　　　　　B. yì wǎn

　　3) A. sānliàng　　　　B. shāngliang

4) A. bǎiwàn　　　　　　B. bǎwán

5) A. zuótiān　　　　　　B. zuòdiàn

6) A. xīngqī　　　　　　 B. xīnqí

2. **Please choose the Pinyin you heard.**

1) A. yì wǎn mǐ　　　　　　　B. yí wàn mǐ

2) A. tíng le yí liàng chē　　　B. dìng le yí liàng chē

3) A. sānshí píng jiǔ　　　　　B. sān sì píng jiǔ

4) A. shí wàn huǒ jí　　　　　B. sì wǎn huǒjī

5) A. hē le jǐ liǎng　　　　　　B. hē le qī liǎng

6) A. zài zhǎo fúwùyuán　　　B. zài jiào fúwùyuán

II. **Form sentences.**

1. <u>gōngsī</u>　　<u>yígòng</u>　　<u>tāmen</u>　　<u>liǎng</u>　　<u>rén</u>　　<u>yǒu</u>　　<u>wàn</u>
　　　1　　　　2　　　　3　　　　4　　　5　　　6　　　7

　　　_____

2. <u>tā</u>　<u>chī</u>　<u>yǐjīng</u>　　<u>miàntiáo</u>　　<u>sān</u>　　<u>le</u>　　<u>wǎn</u>
　　 1　　2　　3　　　　4　　　　　5　　　6　　　7

　　　_____

3. <u>hěn</u>　　<u>zhè ge</u>　　<u>de</u>　　<u>yánsè</u>　　<u>piàoliang</u>　　<u>wǎn</u>
　　 1　　　2　　　　3　　　4　　　　5　　　　　6

　　　_____

4. <u>liàng</u>　　<u>zhè</u>　　<u>shuí de</u>　　<u>shì</u>　　<u>chē</u>　　<u>xīn</u>
　　 1　　　2　　　　3　　　　4　　　5　　　6

　　　_____

5. <u>bāo</u>　　<u>nà ge</u>　　<u>yí</u>　　<u>duō</u>　　<u>wàn</u>　　<u>yào</u>　　<u>kuài</u>
　　 1　　　2　　　3　　　4　　　5　　　6　　　7

　　　_____

6. <u>lóuxià</u>　　<u>wǔshí</u>　　<u>liàng</u>　　<u>duō</u>　　<u>tíng</u>　　<u>zìxíngchē</u>　　<u>le</u>
　　 1　　　　2　　　　3　　　4　　　5　　　　6　　　　7

　　　_____

III. Please translate the following sentences into Chinese.

1. Can you pay 10,000 RMB first?

_____

2. It seems that there are more than 200,000 people.

_____

3. Waiter, give me a bowl of rice please.

_____

4. I'd like to buy five bowls.

_____

5. He wants to change a new car.

_____

6. They have more than 10,000 books altogether.

_____

I Prefer This One

Welcome to Elementary Level Six, Lesson Eighteen of **ChineseAny** podcast series teaching Mandarin Chinese. Today we will learn three words: one adverb and two adjectives. Let's see them now.

Today's 1ˢᵗ vocabulary is "*duǎn 短*". "*duǎn 短*" is an adjective, which means short. It used to describe things, but can't use on person.

短
[duǎn]
short   adjective

For example:
- 这件衣服有点儿短,有长一点儿的吗? [Zhè jiàn yīfu yǒudiǎnr duǎn, yǒu cháng yìdiǎnr de ma]
  This shirt is a bit short, do you have longer ones?
- 他回答得很短。[Tā huídá de hěn duǎn]
  He answered very short.
- 我们见面的时间太短了。[Wǒmen jiànmiàn de shíjiān tài duǎn le]
  The time we met is too short.

Before we learned the opposite word of "*duǎn 短*" is "*cháng 长*", which means long. When we put these two adjectives together, "*chángduǎn 长短*", we make a noun, which means length.
  You may say,

- 这件衣服的长短很好,但是我不喜欢它的颜色。[Zhè jiàn yīfu de chángduǎn hěn hǎo, dànshì wǒ bù xǐhuan tā de yánsè]
  The length of this shirt is ok, but I don't like its color.
- 这个长短怎么样? [Zhè ge chángduǎn zěnme yàng]
  What about this length?

Today's 2nd vocabulary is "gānjìng 干净". "gānjìng 干净" is an adjective, it means clean. "gān 干" means dry.

干净
[gānjìng]
clean   adjective

For example:

- 你的房间看起来很干净。[Nǐ de fángjiān kàn qǐlái hěn gānjìng]
  Your room looks very clean.
- 这些衣服洗得干净。[Zhèxiē yīfu xǐ de hěn gānjìng]
  These clothes are washed very clean.
- 你的家又干净又漂亮。[Nǐ de jiā yòu gānjìng yòu piàoliang]
  Your house is both clean and nice.

Great, let's learn one additional word "gān 干". "gān 干" means dry. Let's make some sentences:

- 最近天气真干。[Zuìjìn tiānqì zhēn gān]
  Recently the weather is really dry.
- 你的衣服干了。[Nǐ de yīfu gān le]
  Your clothes are dry.

The 3rd vocabulary is an adverb "gèng 更". It means even, more. We usually put an adjective or mental verb after it.

更
[gèng]
even, more   adverb

For example：

- 更喜欢［gèng xǐhuan］

  prefer

- 更干净［gèng gānjìng］

  cleaner

- 更方便［gèng fāngbiàn］

  more convenient

Let's see some sentences，

- 我觉得坐地铁更快。［Wǒ juéde zuò dìtiě gèng kuài］

  I think it's faster by subway.

- 我想我这个周末更忙。

  ［Wǒ xiǎng wǒ zhè ge zhōumò gèng máng］

  I think I am busier this weekend.

- 我觉得家人更重要。［Wǒ juéde jiārén gèng zhòngyào］

  I think family is more important.

- 我更喜欢这个包。［Wǒ gèng xǐhuan zhè ge bāo］

  I prefer this bag.

Great，in level five, we learned "A is more adj. than B". Today, let's learn more sentences with "bǐ 比".

> "A bǐ 比 B gèng 更 + adj. "

The format used to indicate that A is higher in degree than B，though the two are high in degree.

> A 比 B 更 + adj.
> ［bǐ］［gèng］

For example：

- 今天比昨天更冷。［Jīntiān bǐ zuótiān gèng lěng］

  Today is much colder than yesterday.

- 这个比那个更好。［Zhè ge bǐ nà ge gèng hǎo］

This one is even better than that one.

➤ "A *hé* 和 B *bǐ qǐlái* 比起来，subject + *gèng* 更 + adj./V." "*hé* 和 B*bǐ qǐlái* 比起来，A + *gèng* 更 + adj."

The format used to compare A with B, the subject more like one of them.

For example：

- 茶和咖啡比起来，我更喜欢茶。[Chá hé kāfēi bǐ qǐlái, wǒ gèng xǐhuan chá]

  Comparing with coffee, I like tea better.

- 打网球和跑步比起来，我更喜欢跑步。[Dǎ wǎngqiú hé pǎobù bǐ qǐlái, wǒ gèng xǐhuan pǎobù]

  Comparing with playing tennis, I like running better.

- 和黑色比起来，红色更漂亮。[Hé hēisè bǐ qǐlái, hóngsè gèng piàoliang]

  Comparing with black, red is even more beautiful.

- 和这个工作比起来，那个工作更好。[Hé zhè ge gōngzuò bǐ qǐlái, nà ge gōngzuò gèng hǎo]

  Comparing with this work, that work is much better.

Great, let's make some examples to practice what we learned today.

- 这件衣服比那件衣服短。

  [Zhè jiàn yīfu bǐ nà jiàn yīfu duǎn]

  This piece of clothes is shorter than that one.

- 我的房间比他的房间干净。

  [Wǒ de fángjiān bǐ tā de fángjiān gānjìng]

  My room is cleaner than his room.

● 我觉得这里更安静。

[Wǒ juéde zhèlǐ gèng ānjìng]

I think here is more quiet.

● 和北京比起来，我更喜欢上海。

[Hé Běijīng bǐ qǐlái, wǒ gèng xǐhuan Shànghǎi]

Comparing with Beijing, I like Shanghai more.

● 现在的天比以前短了。

[Xiànzài de tiān bǐ yǐqián duǎn le]

Now the day time is shorter than before.

● 这件衣服是干净的吗？

[Zhè jiàn yīfu shì gānjìng de ma]

Is this piece of clothes clean?

● 和出租车比起来，地铁更快。

[Hé chūzūchē bǐ qǐlái, dìtiě gèng kuài]

Comparing with taxi, subway is much faster.

● 这个问题更难回答。

[Zhè ge wètí gèng nán huídá]

This question is more difficult to answer.

Great, so that wraps up today's lesson. Hope you have learned something there. Download our app to access our Chinese lessons, remember you can learn Chinese anywhere, anytime with **ChineseAny**.

Word List

Main Vocabulary		
短[duǎn] short	干净[gānjìng] clean	更[gèng] even more
Additional Vocabulary		
干[gān] dry		

Notes

比[bǐ]：**compare sentence**

A + **比**[bǐ] + **B** + **更**[gèng] + **adj/mentation V.**

A + **和**[hé] + **B** + **比**[bǐ], **subjective** + **更**[gèng] + **mental verb**

和[hé] + **A** + **比**[bǐ], **B** + **更**[gèng] + **adj.**

E. g. ① 这个比那个更贵。[Zhè ge bǐ nà ge gèng guì]

This is much more expensive than that one.

② 汉语比英语更难。[Hànyǔ bǐ Yīngyǔ gèng nán]

Chinese is more difficult that English.

③ 和咖啡比，中国人更喜欢喝茶。

[Hé kāfēi bǐ, Zhōngguó rén gèng xǐhuan hē chá]

Compare with coffee, Chinese people more like to drink tea.

④ 上海和老家比，他更想住在上海。

[Shànghǎi hé lǎojiā bǐ, tā gèng xiǎng zhù zài Shànghǎi]

Compare with hometown, he wants to live in Shanghai more.

⑤ 和跑步比，我们更喜欢游泳。

[Hé pǎobù bǐ, wǒmen gèng xǐhuan yóuyǒng]

Compare with running, we like swimming more.

Quiz

I. Pronunciation.

1. Please choose the initials or finals you heard.

1) A. gèng juǎn   B. gèng duǎn

2) A. gānjìng   B. gànjìn

3) A. fángjiān   B. fàndiàn

4) A. hǎo gān   B. hǎo kàn

5) A. bǐjiào   B. bǐjià

6) A. gèng guì   B. gèng kuī

2. Please choose the Pinyin you heard.

1) A. tā gèng hǎo   B. tā gèng gāo

2) A. gèng xǐhuan zhè ge   B. gèng xíguàn zhè ge

3) A. dǎsǎo yíxià   B. dǎzǎo yíxià

4) A. gěi wǒ duǎnxìn   B. xiě wǒ duǎnxìn

5) A. zhè ge búyòng qiān   B. zhè ge búyòng qián

6) A. jiārén gèng zhòngyào   B. jià rén gèng zhòngyào

II. Form sentences.

1. <u>zhèlǐ</u>   <u>nàlǐ</u>   <u>ānjìng</u>   <u>bǐ</u>   <u>gèng</u>
  1   2   3   4   5

2. <u>yīfu</u>   <u>de</u>   <u>hěn</u>   <u>gānjìng</u>   <u>xǐ</u>
  1   2   3   4   5

3. wǒ   duǎn   gèng   de   yìdiǎnr   xǐhuan
   1   2   3   4   5   6

_____

4. wǒ   juéde   fángjiān   gèng   gānjìng   nà ge
   1   2   3   4   5   6

_____

5. Shànghǎi   hěn   de   chūntiān   duǎn
   1   2   3   4   5

_____

6. zuìjìn   tiānqì   de   Běijīng   gān   fēicháng
   1   2   3   4   5   6

_____

III. Please translate the following sentences into Chinese.

   1. It's too short, I don't like it.

   _____

   2. I prefer that red piece of clothes.

   _____

   3. I like spending weekend with my families.

   _____

   4. Compare with subway, the bus is more convenient.

   _____

   5. Your room is always very clean.

   _____

   6. Compare with swimming, they like football more.

   _____